直木孝次郎［著］

日本古代史と応神天皇

塙書房

目次

目　次

〈本編〉

目　次

日本古代史と応神天皇

本編

序論　日本国家の初期の状態を『記・紀』はどう語っているか

本書の本編には、五つの論文を載せる。そこでは主として四世紀末から五世紀始めにかけて在位した応神天皇を中心に、日本古代の天皇の地位や権力について述べるが、応神即位以前の国家や天皇について述べるところは少なかった。以下、その問題の概略について私見を述べ、序論とする。

『古事記』や『日本書紀』（略して『記・紀』という）の記述、とくに初代の天皇とされる神武から応神以前に至る期間、すなわち仲哀天皇までの記事には、周知の通り事実と思われるものはきわめて少ない。そのことは一九四五年の終戦以前に津田左右吉[1]によって明らかにされ、戦後も諸家によって細部にわたって究明され、筆者も驥尾に付して若干の研究を公けにし、その多くは『日本古代の氏族と天皇』（塙書房、一九六四年）や『神話と歴史』（吉川弘文館、一九七一年）などに収めた。

しかしその後、神武から応神までの『記・紀』の記述について、まだ十分に論じ尽されていない問題があるのに気づいた。そのうち、三つの問題をとりあげたのが、この「序論」である。

「日本」という国号は七世紀末以後に用いられたものであるから、以下本稿では多くの場合「日本国」の語は用いず、「倭国」とする。「天皇」の語も、七世紀以後に用いはじめられた語で、「王」または「大王」と言うべきであるが、便宜上、「天皇」の語も併用する。神武や応神などの天皇の名は、八世紀後半に定められた語で、正しくはカミヤマトイワレヒコ（神武）、ホムダワケ（応神）など、和風の諡号《おくりな》（死後にたてまつられた名）を用いるべきであるが、便宜上、神武、応神などの漢風の諡号《おくりな》を用いることとする。

一　初期の天皇の実在性と諡号

神武天皇からかぞえて十五代目の天皇は応神であるが、その直前の十二代景行、十三代成務、十四代仲哀の三天皇の和風諡号をみると、景行＝オオタラシヒコ[2]、成務＝ワカタラシヒコ、仲哀＝タラシナカツヒコで、タラシの称号が共通する。ところが応神から約二百五十年後の七世紀前半に在位した舒明天皇の和風諡号はオキナガタラシヒヒロヌカ、その皇后で舒明の死後、つづいて即位した皇極天皇の和風諡号はアメトヨタカライカシヒタラシヒメで、タラシの称号が共通している。

それだけでなく、中国の史書『隋書』によると、隋の大業三年（六〇七）[3]に倭の使者が隋の都洛陽に到着した時のことを、「其の王多利思比孤《たりしひこ》、使を遣わして朝貢す」と記している（東夷伝倭国の条）。倭国の王をタリシヒコと称しているのである。これらを考えあわせると、七世紀ごろの倭国では、天皇に相当する王をタリシ、またはタラシと呼んでいたと思われる。

そう考えてよければ、オオタラシ（景行）は年とった王、ワカタラシ（成務）は若い王、タラシナカツヒコ（仲哀）は、成務とそれ以前の王と、応神とそれ以後の王とを結ぶなかつぎの王を意味する称号ということになる。こうした称号は、それぞれの王が死んだ直後につけられた名とは考えにくい。少なくとも応神即位以後、数代を経てつけられた称号であろうが、さきに述べたようにタラシの称号は七世紀には存したが、五―六世紀には称号として用いられた形迹がないことからすると、景行・成務・仲哀の和風諡号は、七世紀の推古朝前後に造られたものと考えられる。

周知のように、『書紀』推古二十八年条に、皇太子と島大臣（厩戸皇子と蘇我馬子）は共に議《はか》って、「天皇記・国記」などを録したとある。おそらくワカタラシ、ナカタラシ、タラシナカツヒコの三天皇は、この時にはじめて姿をあらわしたのであろう。

景行の前の第十代崇神と第十一代垂仁の和風諡号は、崇神がミマキイリヒコイニエ、垂仁がイクメイリヒコイサチで、これに類似した和風諡号をもつ王は他にいないので、崇神・垂仁を後代に作られたとする理由はなく、実在した可能性が高い。そのうえ、崇神は『古事記』に「所知初国」天皇、『書紀』に「御肇国天皇」とも書かれており、実在した初代の王とする説が有力である。ただし、有力なのは存在した可能性だけで、『記・紀』にこの王の時代のこととして記されていること、たとえば国内に疫病が流行し多くの民が死んだ時、大物主神の子大田田根子（『古事記』では意富多多泥古、大物主神の四代の孫）をさがし出して、大物主神を祭らせたら、疫病がおさまったという話など、事実と思われない記事が多い。あとでふれるが、『書紀』にみえる有名な四道将軍の話なども同様である。

では『記・紀』ともに初代の天皇とする神武はどうか。和風諡号がカミヤマトイワレヒコ（神日本磐余彦〈『紀』〉）と「神」を称していることからも、実在の人物とは考えにくい。またあとでもふれるように神話的伝承に包まれており、母は海神のむすめ玉依姫、父のウガヤフキアエズも海神のむすめを母とすると伝えられており、実在性が疑われる。

これが虚構された王とすれば、なぜ崇神・垂仁の二王の前にこの王（神武）を置いたかが問題になるが、中国では歴史は三人の王と五人の王、すなわち三皇五帝からはじまるという伝説があり、それにならったのではなかろうか。

三皇五帝の伝説は『周礼』『荘子』『史記』等諸書にみえるが、一例をあげると『史記』では天皇・地皇・泰皇を三皇、黄帝・顓頊《せんぎょく》・帝嚳《ていこく》・唐堯・虞舜を五帝とする（『アジア歴史事典』平凡社）。これにならって、崇神・垂仁の前に神武を置いて三代とし、倭国の最初の三人の王としたのであろう。

いつごろ神武が造られたかも問題だが、神日本磐余彦の「磐余」が手がかりになるだろう。『書紀』によれば、神武が吉野・宇陀の地から大和盆地へはいってくると、賊があまた磐余の地に集まっていた。『書紀』には「磯城の八十梟師《たける》、彼処《そこ》に屯聚居《いわみい》たり。果して天皇と大いに戦い、遂に皇師に滅されぬ。故名づけて磐余邑と曰う」とある。こういうところから「日本磐余彦」の名が生まれたのであろう。[4]

もう一つ考えられるのは、六世紀はじめ、長く続いた天皇の系譜が武烈天皇の死とともに断絶し、近江から興って新しく倭の王となった継体天皇が、五二六年に宮を磐余の玉穂に設けたと『書紀』にみえることである。このことも、初代の王を「磐余彦」と名づけるのに関係したかもしれない。

国のはじまりに三人のすぐれた王があらわれるという歴史観が、六世紀の日本にあったかどうかということも問題だが、『書紀』の継体七年（五一三）六月条に百済が倭国に五経博士段楊爾を送り、継体十年九月条に段楊爾に代えて五経博士漢高安茂《あやのこうあんも》を送ったという記事があり、中国の思想が百済を介して倭に伝えられ、三皇・五帝などのことは倭の学者・知識人は知っていたと考えられる。

こうして古くから知られていたと思われる崇神・垂仁のほか、初代の神武、十二・十三・十四代の景行・成務・仲哀の諸天皇が姿をあらわしてきた。のこるのは第二代の綏靖から第九代の開化までの八代の王であるが、この八代については、『記・紀』ともに、天皇の系譜や皇居・陵墓などを記した「帝紀」の部のみあって、それぞれの天皇の治世に起った歴史的事件を記した「旧辞」の部を欠いており、「欠史八代」と呼ばれる。ここにみられる八代の王は、倭国の成立年代を古くみせるために造作された架空の天皇である、というのは定説であろう。筆者もかつて「欠史八代と氏族系譜」(5)という論文や、小学館版『日本書紀』の注釈書の第一巻(6)に記した「解説」で論じたことがあるが、第二代の綏靖はカミヌナカワミミ、第三代安寧はシキツヒコ、第四代懿徳はオオヤマトヒコ、第五代孝昭はミマツヒコと傍点を付した部分は神武の和風諡号と共通し、第六代孝安はヤマトタラシヒコで、景行・成務などと共通する。さらに第七代孝霊と第八代孝元はオオヤマトネコヒコ、第九代開化はワカヤマトネコヒコという称号をもつが、傍点を付したヤマトネコというのは、持統のオオヤマトネコアメノヒロノヒメ、文武のヤマトネコトヨオジ、元明のヤマトネコアマツミシロトヨクニナリヒメという和風諡号と共通する。持統以下の三人は六九〇年から七二五年にかけて在位した天皇である。欠史八代の天皇は、ある時、一挙に成立したのではあるまいが、欠史八代の全体が成立するのは八世紀始めのことではないかと思われる。

このように応神より以前の天皇には、実在の確かでないものが多い。このことに『記・紀』の編者が気づいていたかどうかは不明だが、応神以前の歴史が以後の歴史と性格に相違のあることには気がついていたであろう。そのことを以下の二つの節で述べたいと思う。

二　応神天皇以前の神と天皇の関係

筆者は別稿（「山根徳太郎の難波宮研究」本書所収）で、『記・紀』の神武以後の記述では、応神天皇以前に在位した神武と崇神・垂仁の三代では、とくに神の活動がいちじるしいことを挙げて、神武から仲哀までの時代を「神代の延長」あるいは「神代から人の代への過渡期」であると述べた。本節ではこのことをもう少し詳しく掘り下げる。はじめに『書紀』の記事をあげ、『古事記』の記事はそれと対比してあとで述べる。若干相違するが、多くは共通する。

(1)神武前紀戊午年六月、神武の軍が熊野荒坂津で、土地の神の毒気のために気を失なったとき、高倉下《たかくらじ》という人物が夢に天照大神と武甕雷神《たけみかづち》の問答を聞いて、自家の庫に下《くだ》された「平国之剣《くにをことむけしつるぎ》」を見出《みいだ》し、神武にたてまつったところ、軍兵は目を醒ました。

(2)神武の一行が熊野の山中で道に迷ったとき、天照大神のつかわした頭八咫烏《やたからす》に助けられて、進むことができた。

(3)同じく戊午年九月条に、神武の軍が大和の磐余邑に至ったとき、夢にあらわれた神の託宣により、神武は天香山の社の土で厳瓮《いつべ》を造り、天神地祇を祭って、敵を亡した。

右のうち(1)(2)はほぼ同じことが『古事記』に見える。(3)に対応することは、見えない。

(4)崇神五年二月、国内に疫病多くおこり、民の多くが死亡したが、崇神七年二月、天皇の夢に大物主神が現われ、「吾が子、大田田根子を以て吾を祭らしめよ」と託宣、また同年八月、夢に貴人があらわれ、大田田根子に大物主神を祭らせ、市磯長尾市《いちしのながおいち》に倭大国魂神を祭らせよと教えた。それらのお告げに従って神々を祭ると、疫病がやんだ。

(5)崇神九年三月、天皇の夢に神人があらわれ、墨坂神と大坂神を祠れと誨《おし》えた。

(6)崇神十年九月、倭迹迹日百襲姫《やまとととひももそひめ》が大物主神の妻となるが、大物主神の本体が小蛇であることを知り、驚いて死ぬ。

(4)(5)(6)とほぼ同じ伝えが『古事記』にみえる。但し(4)の大田田根子は大物主神の四代の孫とする。

(7)垂仁天皇二十五年三月、天照大神は倭姫命に、伊勢国に居りたいと思うと誨《おし》えた。倭姫命はその祠を伊勢国に立て、斎宮を五十鈴川の上《ほとり》に興した。（分注にも、倭姫命と天照大神のことが見えるが、略す）

『古事記』には、『書紀』の天照大神のことと対応する伝承は見えないが、垂仁段に、出雲大神が天皇の夢にあらわれ、我が宮を天皇の御舎《みあらか》のように修理すれば、今までものが言えなかった皇子が、ものが言えるようになるだろうといい、皇子は出雲に下って、出雲大神を拝すると、ものが言えるようになった、とある。

天皇に神のお告げ（託宣）があるのは、神武・崇神・垂仁の三代がおもで、景行・成務の二代は、『記・紀』ともに日本武尊が筑紫や東国に遠征した時に、地域の神と戦ってこれを討ったり、走水の神や伊吹山の神に苦しめられる話はあるが、天皇が現実または夢に神のお告げを聞く話はない。景行（オオタラシ）・成務（ワカタラシ）が、旧辞の原形の作られた六世紀中葉ごろよりあとに造られた天皇だからであろう。

応神以前の最後の天皇である仲哀は、皇后（神功）によりついた天神が、新羅を討てというお告げをききいれなかったために死ぬ。このことは、『記・紀』にともに見える。

仲哀の死後、皇后は神の教えに従って新羅を討って降伏させ、百済・高麗をも従え（『書紀』による。『古事記』には高麗はみえない）、筑紫に帰ってから、応神を産む。また皇后は天照大神・稚日女尊《わかひるめ》(7)（天照大神の子または娘）・事代主神のお告げにより、広田・活田《いくた》・長田に神を祭り、また住吉神である表筒男・中筒男・底筒男の三神を大津の渟名倉《ぬなくら》の長峡《ながお》に祭るなどのことが『書紀』に見える（『古事記』には見えず）が、とくに大きな事件もなく、神功皇后の摂政ののちに応神が即位して天皇となる。

このように神代の延長と思われる応神以前の時代は、神の活動がしばしば『記・紀』にみえる。しかし応神天皇以後は、神が天皇に対し、現実にもせよ夢にもせよ、直接お告げを下したり、指示を出したりすることはない。『書紀』には仁徳十一年十月条に、天皇の夢に神が現われる記事があるが、それは「偽《にせ》の神」であった。履中五年三月条には、筑紫の宗像神社の三女神が宮中にあらわれ、「何ぞ我が民を奪うや」と抗議する話があるが、これはこれよりさき、車持君が筑紫に行き、宗像神社の所有になっていた車持部を自分の管理下に入れたことに対する抗議であった。天皇は車持部の民を宗像神社に返還して、履中五年十月に事は落着した。仲哀以前に神があらわれて、天皇に指示を下し、天皇がこれに従うのとは状況がちがう。

応神以後にも、上記の二件の他に神が姿をあらわす記事はいくつか見える。允恭十四年九月条に、天皇が淡路島に獦《か》りをしたとき、「島の神」があらわれ、その要求によって赤石の海から大きな真珠を得たこと、雄略四年二月条に、天皇が葛城山に射猟して一事主神に会うこと、同じく七年七月条に、天皇は小子部連蜾蠃《すがる》を三諸岳（大和の三輪山）に遣わして、山の神の大蛇を捉えさせること、などである。このうち葛城山で一事主神に会うことは『古事記』にみえるが、他は『書紀』だけにみえる。いずれも天皇が直接に支配してはいない各地の土地の神に関する話で、仲哀以前に神が天皇に直接指示を下す話とは性格をことにする。

ただ雄略九年三月条に、天皇が自ら新羅を討とうとしたのを神が制止し、天皇がその指示に従ったとあり、仲哀以前の時代、神のお告げに天皇が従ったことに類似しているが、雄略天皇は九年二月に凡河内直香賜《かたぶ》と采女を筑紫に遣わして、胸方神を祭らせており、同年三月に天皇を戒めたという神は胸方（宗像）神で、天つ神ではないとするのが、『書紀通証』以来の有力説である。雄略九年の神の告示は仲哀以前の天つ神の指示とは異なる。

以上に述べたところから考えると、神代の延長、あるいは神代から人の代への過渡期（第二の神代）の最後の天皇である仲哀は、神の怒りによって死に、過渡期に終止符を打ったとみるべきであろう。そして仲哀の皇后（神功）と、皇后に神が下って生まれた応神から新しい時代がはじまるのである。

三　神代の延長の時期における国制発展の所伝

応神朝あるいは応神の母の神功皇后の時代までが神代の延長（第二の神代）であることを縷々述べたが、この期間に一方では倭国は、国家としての体制を着々と進めていたという記事あるいは伝承が、『書紀』にみえる。このことは、むろん先学によって早くから指摘されているが、以下に改めて記しておく。

神武紀の二年二月条に、国つ神の珍彦《うずひこ》を倭国造とし、弟猾《おとうかし》を猛田《たけだ》県主、弟磯城を磯城県主、剣根を葛城国造、頭八咫烏を葛野主殿《とのもり》県主とすることが見えるが、もちろん事実とは思われない。第二代から九代までは欠史八代の天皇たちで、国制に関する記事はなく、第十代の崇神十年九月にいたって、大彦命を北陸、武渟川《たけぬなかわ》別を北陸、吉備津彦を西道、丹波道主命を丹波に遣わしたことが、『書紀』にみえる。有名な四道将軍であるが、四道将軍の語は十年十月条に初見する。『古事記』では、大毗古命を高志道に、建沼名川別命を東方十二道に、日子坐《ひこいます》王を旦波に遣わしたとある。

国内の政治が固まってくると、周辺の地域に勢力をひろげようとすることは十分に考えられ、四道あるいは三方面に将軍を派遣することは、ある程度認めてよいとする説もあるが、同時に四方または三方に軍隊を派遣することは初期の国家にとってはやはり大事業で、成立まもない倭国が実行したとは思われない。願望を文章化したものと見るべきであろう。

ひきつづいて崇神十二年九月に「人民を校して」男の弭調《ゆはずのみつぎ》、女の手末調《たなすえのみつぎ》という「調役」を課したとあり、同様の記事は『古事記』にもみえる。しかし初期の国家では、個人を男女別に一人づつ把握・登録して租税を課することは困難（文字の普及しない時代では不可能）で、支配下の共同体から、共同体ごとに「贄《にえ》」として、租税にあたるものや力役を徴収したと考えられる。『書紀』にみえるように、人ごとに（個人別に）課役や調役を徴収することはできなかったであろう。

「調役」の語が、『書紀』につぎに見えるのは白雉元年（六五〇）二月十五日条で、そのあとは持統紀四年（六九〇）正月十七日から十年四月二十七日までに十回見える。持統朝に施行された飛鳥浄御原令の用語であろう。弭調や手末調は古いことばであるが、「調役」の語は飛鳥浄御原令の用語で、持統朝またはそれ以後に『書紀』に書き加えられたものと思われる。『古事記』崇神段には、「男弓端之調、女手末之調」を貢《たてまつ》らせるとあるだけであることからも、そう思われる。

ついで『書紀』の第十三代の成務四年二月条に「国郡に長を立て、県邑に首を置かしむ」、五年九月条に「国郡に造長を立て、県邑に稲置を置く」、『古事記』成務段にも「大国・小国の国造を定め賜い、亦国々之堺と大県・小県之県主とを定め賜う」とある。国に国造を置き、郡に郡長を置き、国や郡より規模の小さい県や邑には稲置を置く、ということであろう。

これも四世紀にそこまで行き届いた行政区画や支配制度が実施されていたとは思われないし、実施を示す具体的な例もない。国造の制は六世紀に成立したとするのが現在の有力説であり、郡の制度が成立するのは、八世紀初頭に施行された大宝令によるとするのが定説である。稲置については、周知のように七世紀前半の日本の状態を記した『隋書』倭国伝のつぎの記事が参考になる。

軍尼《くに》一百二十人あり。なお中国の牧宰のごとし。八十戸毎に一伊尼《いな》翼を置く。今の里長の如きなり。十伊那翼、一軍尼に属す。

ここにみえる「伊尼翼」は「伊尼冀」の誤りで、イナギ＝稲置をいうのであろう。クニとイナギの数や関係は、ここに記されたことがそのまま事実とはいえないが、七世紀代に国の下位に稲置を置く行政組織があったことは認めてよかろう。しかし、そうした制度・組織が四世紀代の倭国に成立していたとは考えられない。神代の延長のような応神以前でも、倭国は政治的に進歩・発展していたと『記・紀』の編者は考えて、七世紀以後の知識にもとづいて、国造や稲置のことを書き加えたのであろう。

海外との関係も同様で、事実と思われないことが『書紀』にみえる。こうありたいと思うことが記されているのであろう。『書紀』の崇神十一年是歳や十二年三月の条に、「異俗」の人が海外から帰化したことや、同六十五年七月に任那国から蘇那曷叱知《そなかちし》が朝貢したこと、垂仁二年に意富加羅国の王子が帰化し、また同年任那から渡来した童女が難波の比売語曽の社の神となったことがみえる。さらに垂仁三年三月に新羅の王子天日槍《あめのひぼこ》が七種の神い。

宝を以て渡来したという。いずれも事実かどうかは疑われる。またこれに対応する伝えは、『古事記』に見えな

景行・成務朝には外国との関係記事は、「帰化」もふくめて見えず、神代の延長の時期の最後の天皇である仲哀の時にあらわれる。すなわち『記・紀』の伝えるところでは、神が仲哀の皇后によりついて、新羅を攻めよと託宣を仲哀に下し、託宣をききいれなかった仲哀は神の怒りによって急死し、皇后は託宣に従って新羅を攻め、新羅は降伏・朝貢した、というのである。『書紀』では、高麗・百済も降伏し、『古事記』では高麗は見えないが、百済は倭国の「渡りの屯倉《みやけ》」となる。朝鮮三国、とくに百済と新羅を支配することは、国内に国造・稲置をおき、さらに国郡制をしいて、国家の統一を実現させることとともに、倭国の朝廷の多年の宿願である。

『記・紀』またはその原形の執筆者は、一方では神代の延長、神代から人の代への過渡期の歴史を書きながら、そのなかに、理想とする倭国の政治と外交の発展を書きこんだのであろう。またそれとともに、神のお告げを守れば、ことは安全に運ぶが、従わなかったらどんな失敗が起るかを、神代の延長の最後の天皇によって示したのであろう。

むすび

以上、『記・紀』の語るところを顧みると、倭国の歴史は神武の即位から第二の神代にはいるが、崇神朝には将軍を諸方面に派遣して境域をひろげ、税制を整え、成務朝には国郡・県邑、あるは国造・県主などを置いて地

方制度を固めたという。こうして国家の体制が確立して、第二の神代、あるいは神代の過渡期が終り、応神天皇から新しい人の代がはじまる。日本の歴史の上で応神天皇がどんなに重要な地位を占めるかが、おおよそ理解していただけたであろう。応神は、つぎつぎに即位して行く天皇の一人ではなく、神代がまったく終って新しい時代のはじまる初代の天皇である。

そのことを十分理解して、本論の各章を読んでいただきたいと思う。

注

（1）津田左右吉『日本古典の研究』上・下（岩波書店、一九七二年改版発行）。この本自体が古典的名著である。

（2）オオタラシヒコ。景行天皇の和風諡号全体はオオタラシヒコオシロワケ。便宜上、オシロワケを省略した。

（3）『隋書』倭国伝によれば、この時、倭の使者のもたらした国書に、「日出ずる処の天子、書を日没する処の天子に致す。恙無きや」とあったという。

（4）このことは、直木孝次郎「神武天皇の称号磐余彦の由来について」（直木著『飛鳥　その光と影』吉川弘文館、一九九〇年、初出一九八八年）にも述べた。

（5）直木孝次郎「欠史八代と氏族系譜」（直木著『日本古代の氏族と国家』吉川弘文館、二〇〇五年、初出二〇〇四年）。天皇の存在を疑問とする説は、終戦前は公けにすることは躊躇された。一九三五年に発表された肥後和男「大和闕史時代の一考察」（肥後著『古代史上の天皇と氏族』弘文堂、一九七八年）は、この問題を論じた早いものであろう。

（6）小学館版『日本書紀』の注釈書の第一巻。ここでいう『日本書紀』の注釈書は、小島憲之・西宮一民・蔵中進・毛利正守の四氏と筆者の五人で著作した「新編日本古典文学全集」第一巻（小学館、一九九八年）をいう。

（7）稚日女尊。『書紀』神代上第七段（天石窟ごもり）の第一の一書にみえる。天照大神との関係は書かれていないが、天照大

本　　編

神の娘または妹と解せられている。

第一章　河内政権の成立と応神天皇

一　歴史の曲りかど、または切れ目

古代における河内政権論を簡単に要約すると、四世紀末ごろ日本の古代の政権のありかたに大きな変動がおこり、それまでの大和を中心とする政権に代って、新しい政権が河内地域に成立するという学説をさす。この説は、一九四九年に雑誌『民族学研究』一三巻三号に発表された座談会「日本民族・文化の源流と日本国家の形成」[1]のなかで、江上波夫氏の提唱した狩猟騎馬民族日本征服説の影響のもとに成立したといってよいであろう。

江上説は古墳の形態や副葬品の種類など主として考古学的資料によって立論されたが、文献を主とする古代史家の水野祐氏や井上光貞氏ら[2]によっても支持された。ややおくれて一九六四年、私もまた主として文献にもとづいて河内に新しい政権の起ることを論じ、初代の王と考えられる天皇の名をとって新政権を「応神王朝」と名づける説[3]を発表した。つづいて上田正昭・岡田精司の両氏[4]も、それぞれの立場からほぼ同趣旨の説を公けにしたが、政権の名称としては上田氏の用いた「河内王朝」が一般化した。しかし「王朝」の称は、日本では律令国家から中世国家にいたる過渡期の国家概念として用いられる「王朝国家」とまぎらわしいので、以下「河内政権」の名称を用いることとする。

この河内政権論は、発表後一時期は、熊谷公男氏が「戦後の古代史学界を風靡した(5)」といったのはオーバーだが、比較的好評をもって迎えられたと思う。しかし一九八〇年ごろから批判的論説が多くなった。「近年はこの学説に批判的な立場をとる研究者がふえてきている(6)」と熊谷氏がいうのは、その通りである。しかし反論の多少と歴史の真実とが区別されるべきであることは、いうまでもない。私は従来の私見を改めるつもりはない。

私の河内政権論の根拠の一つは、『古事記』『日本書紀』（以下『記・紀』と略す）を読んでみると、応神天皇の前と後とで、王権の上に大きな変化が起ったと感じることにある。一例をあげると、いいふるされたことだが、天皇の和風諡号にふくまれる天皇に対する称号が、ミマキイリヒコ（崇神）・イクメイリヒコ（垂仁）のイリ、オオタラシヒコオシロワケ（景行）・ワカタラシヒコ（成務）・タラシナカツヒコ（仲哀）のタラシから、ホムタワケ（応神）・イザホワケ（履中）のワケに変化することである。ワケは履中のつぎの反正のミズハワケまで続き、允恭からとだえるが、履中の長子の市辺押磐皇子（『紀』）は、『記』では市辺忍歯別王とも書かれ、その子の顕宗は遠祁之石巣別命とある。

また皇位継承の過程をみると、神武から仲哀までの十四代は、成務から仲哀へが叔父から甥へであることを除いて、すべて父子間の直系相続である。父の世代から子の世代への相続という点では、成務・仲哀の相続も同じである。これに対し、応神のつぎの仁徳の子・履中の世代からは七世紀中葉の皇極・孝徳に至るまで、兄弟（姉から弟への場合もある）の同世代相続が多くなることは周知の通りである。仲哀以前の直系異世代相続が正確な史実かどうかは疑問であるが、伝承とはいえ、河内政権成立の前と後とで顕著な変化がおこっていることは、無視できない。

『記・紀』からはなれるが、『延喜式』諸陵寮条にみえる陵墓一覧の記載によると、応神以下の五代の天皇陵には陵戸が配されているが、それ以前では十四人の天皇のうち、陵戸の配されているのは垂仁・景行・仲哀の三代だけで、あとの十一代には公民から選ばれた臨時の墓守りである守戸が配されているにすぎない[7]。

また『記』は神武から推古に至る三十三代の天皇のうち十五代の天皇について崩年干支を記している[8]が、それも応神以後五代は連続して記載されており、それ以前で記載のあるのは崇神・成務・仲哀の三代だけである。

このようにみてくると、応神天皇の即位が画期となるような大きな政治的変化が、存在したのではないか、と思われてくる。このことは『紀』の編者も感じていたのではないかと私には考えられる。というのは、『紀』三〇巻の編成をみると、つぎのようなことが知られるからである。三〇巻のうち神代二巻を除く二八巻が神武から持統までの四〇代ある天皇紀と神功皇后紀にあてられるのであるが、その前半一四巻は武烈紀まで、後半一四巻は継体紀から持統紀まで、すなわち後半は、越前から姿をあらわし、後嗣の絶えかけた武烈のあとをついで大和朝廷を建てなおした継体からはじまる。このように巻を区分したのは偶然ではあるまい。そして前半一四巻は、神武紀から神功紀までの七巻と応神紀から武烈紀までの七巻に分けられる（表参照）。応神から武烈までを一つの時代とみる、応神から新しい時代がはじまる、と意識していたと思われるのである。

『記』は上・中・下三巻のうち上巻を神代にあて、中・下巻で神武から推古までの三十三代のうち応神までを中巻、仁徳以下を下巻に入れている。応神を仁徳からはなして中巻に入れたのは、母の神功と切りはなしにくかったのと、即位以前のことであるが、角鹿（敦賀）の気比大神と名易《なか》えをするなど神秘的な説話があり、神話的性格を持つ点で、神武や崇神・垂仁などと性格を同じくする点があるからではなかろうか。

（表）『日本書紀』の巻別構成

	巻	巻数
神代上 下	1 2	2
神　武 神　功	3 9	7
応　神 武　烈	10 16	7
継　体 持　統	17 30	14

『記・紀』編集上の問題はともかく、上述した和風謚号や皇位継承方法の変化、皇陵守衛の陵戸の設置、崩年干支の記入など、王権のありかたと関係する事項の多くが四世紀末ごろを境として変化している。三、四世紀の政権が五世紀に変化なく継続しているのなら、なぜこのような変化が起るのか。私の不勉強のせいかもしれないが、河内政権論を批判する人びとから、それらについてのまとまった説明を見聞したことはない。批判説に私の承服できない理由の一つである。

二　応神天皇はだれの子か

1　応神天皇は神の子

河内政権成立の根拠については、かつて私は上述した問題のほか、大和の豪族と河内の豪族のちがい[9]、それらの豪族の祖が出現したとされる時期[10]、性格のちがう二つの王権神話の存在[11]（従って最高神が二柱ある）等からも論じ、それぞれ論文として旧著におさめたが、本稿では旧政権（大和政権）と新政権（河内政権）の接点になる応神天皇に関するつぎの二つの問題をとりあげることにする。一つは応神とその父仲哀天皇との関係、もう一つは応神の子・大山守命（『記』による。『紀』は大山守皇子または大山守命）、とくにその死についてである。

応神と父・仲哀の関係の問題からはじめる。応神の父が仲哀であることは『記・紀』ともに認める所で、なんら問題はないようにみえる。なるほど、『記』は仲哀段のはじめの帝紀的部分に、仲哀天皇が息長帯比売命を娶《め》して生んだ子に「品夜和気命、次に大鞆和気命、亦の名品陀和気命《ほむだわけ》」とあって、疑問はなさそうにみえるが、周知のように応神は仲哀の死後の誕生であり、かつ仲哀紀には応神の出生記事がない。仲哀二年条に気長足姫尊（神功）を皇后としたこと、彦人大兄の女大中姫が麛坂・忍熊両皇子を生み、大酒主の女弟媛が誉屋別皇子を生んだことを記しながら、応神の出生を記さず、神功皇后摂政前紀の仲哀九年十二月（仲哀没の十か月後）に至って「誉田天皇（応神）を筑紫に生む」とある。

『紀』では、父子のあいだで皇位が相続される場合は、父の天皇の子女の出生記事のなかに次代の天皇となる皇子の出生を記すのが例であるのに、そうなっていない。仲哀死後の誕生であるから、立后・立妃記事には記さなかったという解釈もあろうが、「この系譜記述は、皇妃（正しくは后妃。直木）・皇子女の総括的記述をなすところ」であるから、死後の誕生は不記述の理由にはならない、と吉井巖氏[12]のいうとおりである。

仲哀の死は神の下した託宣と関係があるので、仲哀が熊襲を討つために筑紫に行き、橿日宮で神の託宣を受けてから、応神の誕生に至る経過を、『紀』によってつぎに記す。

仲哀八年、正月、天皇筑紫に幸し、橿日宮に居す。

九月五日、神、皇后に託宣を下し、海の向うの新羅国を討て、という。天皇、神の言を疑う。

某月、某日、天皇、神に答えて、高き岳に登っても、見えるのは海ばかりである、「誰《いず》れの神ぞ、徒らに我を誘《あざむ》くや」という。神、皇后に託《かか》って、どうして我が言を誹謗するか、汝はその国（新羅）を得られないだろう。「唯今し、皇后始めて有胎《はらみ》たり。その子、獲ることあらんか」と宣する。

九年、二月六日、天皇没す。

三月一日、皇后（気長足姫＝神功）、神を祭り、神の名を訊ね、返答をえる（返答の内容は複雑かつ長文なので省略）。

九月某日、皇后、開胎に当るので、石を取って腰に挿む。

十月三日、対馬の和珥津を発し、新羅に到る。（新羅および高麗・百済を降服させて、帰還）

十二月十四日、皇后「誉田天皇を筑紫に生む」

（註、要点を記した。「　」内は原文読み下し。）


これをみれば明らかなように、誉田天皇は仲哀が没して十か月八日の後に生まれている。もし神功が仲哀の子を逝去前日の二月五日に受胎したのなら、十二月十四日の出産まで十月十日である。今日の医学知識では妊娠持続日数は平均二八〇日（約九ヶ月十日）というが[13]、そのような正確な知識のない古代、まして伝説上のことだから、応神を仲哀と神功の間の皇子と考えても不思議ではない。ただし逝去直前の受胎としてのことである。

受胎との関係で注意されるのは、皇后が新羅遠征の準備をしていた同年九月某日が開胎にあたったという記述である。開胎はすなわち出産であるから、逆算すると受胎は八年十一月ないし十二月となる。一見、皇后が仲哀の死亡の三、四か月前に受胎したことを思わせるが、神が八年九月に最初の託宣を下したあとの某月に天皇が神の託宣を疑うことばを口にした時、神が再び託宣を下し、「唯今し、皇后始めて有胎《はらみ》たり」と言ったことに注目する必要がある。この時神は、お前は新羅を得ることはできないだろう、それを得るのは、いま皇后のはらんだ子だ、と言っている。それをあわせ考えると、皇后は腹の子は仲哀の子ではなく、神の子であることを意味する。だから開胎にあたっても、石を挿んでまじなっておけば、三か月後に生むことができるのである。

このこと、とくに仲哀が神の怒りによって死んだことは、『記』の所伝にいっそうはっきり示されている。その場面はつぎのようである。仲哀が筑紫の「訶志比宮」（橿日宮）で神の降臨を請うて琴を弾き、建内宿祢が託宣を請うたところ、神は神功に乗り移って「西の方に国有り。金銀を本として目の炎耀《かがや》く種々の珍しき宝、多に其の国に在り。吾今其の国を帰せ賜はむ（授けよう）」といった。これに対して仲哀は、高い地に登って西を見ても、見えるのは海ばかりである、と言い、詐りをいう神であると思って、琴を押しやり弾くのを止めた。神は大いに怒り、

凡そ茲《こ》の天下は、汝の知るべき国にあらず。汝は一道《ひとみち》に向かへ。

と言った。建内宿祢は「恐《かしこ》し。我が天皇《すめらみこと》、猶《な》ほ其の大御琴をあそばせ」と言い、仲哀は琴をとりよせて、「那《な》麻那麻邇《まなまに》」弾いたが、それほど時がたたないうちに琴の音が絶えた。火をともしてみると、天皇は絶命していた。

『記』と『紀』のちがいの一つは、『記』が仲哀の死の原因が神の怒りによることを明記していることだと前述したが、それは『記』に「汝は一道に向かへ」といったとあるところに表われている。「一道」は死の国（日本古典文学大系『古事記』）、または死への道（日本思想大系『古事記』）をさすと思われる。

もう一つの大きな違いは、『記』では神が託宣を下し、それを仲哀が疑ったので神の怒りにあい、「汝は一道に向かへ」という託宣とともに死ぬという経過が、一つの場面のこととして語られているのに対し、『紀』では、はじめ神が神功に乗り移って新羅を討てと託宣したのが仲哀八年九月五日、ついで仲哀が山に登って遠望してから神にことばを返し、我を欺く神はだれかと言い、それに対して神は、どうして我が言を誹謗するかと怒り、仲哀は翌九年二月六日に没する。

『記』の物語が、神の最初の託宣から仲哀の死まで一気に進行する緊張した構成になっているのに、『紀』では物語は、仲哀八年九月の神の最初の託宣から九年二月の仲哀の死まで五か月かかる構成である。間のびした物語といわざるをえない。おそらく『記』のそれが、仲哀の死に関する物語の原形で、これに脚色を加え、神の怒り

で天皇が死ぬという不名誉な経過をぼかしたのが『紀』の物語であろう。

このように『記』の所伝の方が原形または原形に近いと考えられる。もちろんそれが歴史的事実ではないが、『記』の所伝では、はじめの託宣で、神は西方にある金・銀などさまざまの宝のある国新羅を与えよう、と言ったのに、与えられるはずの仲哀は死んだ。神は西方の宝の国をだれに与えようとするのか。それだけでなく、神は「凡そ茲の天下は、汝の知るべき国にあらず」と言っている。「天下」というのだから、ここにいう国は「西方の宝の国」だけでなく、それをも含めた大八嶋国のことであろう。それに答えるのが、仲哀の死後、大祓を行なって神の託宣を請うた時の神の教えである。神は言う、

此の国は、汝命《いましみこと》の御腹に坐す御子の知らさむ国なり、と。

託宣の「汝命」は神功をさす。その「御腹に坐す御子」が神の御子とは『記』は明示していないが、託宣を請うた建内宿祢が、

恐《かしこ》し、我が大神、其の神の腹に坐す御子は、何れの御子ぞや。

と問うたことばのなかに「神の腹」と言っている所をみると、「腹の御子」は神の子と考えられる。それは『紀』にみえる二度目の託宣のなかで、「唯今し、皇后始めて有胎《はらみ》たり」と言い、神功が神の子を受胎したことを示唆しているのと符合する。

これに関連して興味があるのは、『住吉大社神代記』（正しくは「住吉大社司解」）が、『紀』の記述によって仲哀九年二月に仲哀の逝去を記したつぎに、

於是皇后与二大神一有二密事一、俗曰二夫婦之密事通一、

と記すことである。『住吉大社神代記』は平安初期の成立と考えられるが、そのころ、応神天皇は仲哀の子では

なく、神の子であるとする考えが、住吉神社の関係者の中にあったと思われる。
また『釈日本紀』所引の筑前国風土記逸文に、気長足姫尊（神功）が新羅を討つため、怡土《いと》郡児饗野《こふの》の村に来たとき、懐妊の子が生まれそうになったので二顆の石を腰にはさんで、

娠める皇子、若し此れ神にまさば、凱旋《かちかへ》りなむ後に誕生《あ》れまさむぞ可《よ》からむ。

と言い、言葉通り帰還後、皇子を産んだとある。これが古風土記の逸文であるなら、応神が神の子という説は、奈良時代にすでに生まれていたことになろう。もしそうなら、「応神」の諡号も、神に感応して生まれた天皇という意味を寓したと想像することもできる。

2　三つの先行研究

以上に述べたように、応神は形の上では仲哀の子であるが、実際は神の子であるという考えが早くから存在したと考えられる。人の子でなくて神の子であるということは、国の始めの王―始祖王―の重要な条件である。応神は新しい政権である河内政権の始祖たるの資格をもつものである。

応神が神の子と考えられていた、その条件を備えていることは、もちろん私以前に多くの先学によって論ぜられている。そのうちから三人の先行研究者を取りあげ、簡単に解説を加える。

その一人は西田長男氏で、説の大要は論文「日本の聖母」[14]（一九六四年）にみえる。氏の説は、応神が神の子でありながら、仲哀の子でもあるという二重の性格を持つとし、その調和に苦心しているのが特色といえよう。氏によれば、『紀』もまたその調和に苦心していて、「応神天皇は仲哀天皇の皇子として神功皇后の胎内に生まれられた。いわば人間の子であると同時に、聖母としての神功皇后が処女受胎によって生みたもうた神の御子でもあ

るという、矛盾的自己同一が、ここにあらわされているのであると思う。」という。

三品彰英氏も、応神天皇を神の子と認め、論文「応神天皇と神功皇后」[15]（一九七二年）のなかでつぎのように言う。「父神たる神霊は神婚するや忽ち神の世界に去り行くのであって、その後に残されたものは神の御子を懐妊した女性のみである。かくして懐妊したオキナガタラシヒメは皇子を胎中に宿して新羅を征伐し、海路を凱旋して来て筑前の海辺で皇子を生むのである」。このように神の子であると明言しながら、その皇子を応神と呼ばずに、ホムダの地の最大の古墳である現応神陵に葬られている天皇という意味で「応神陵天皇」と呼び、「応神陵天皇は特に画期的な時代の創建者であったがゆえに、そうした民族信仰ないし祭政理念によって、その出誕が神話的に語られたのである」と、きわめて適切な解説を加えている。「画期的」ともいい、また「新時代の開幕者」ともいっている。

しかしそれ以上に踏みこんだ具体的な説明はなく、また応神天皇といわず、「応神陵天皇」とするために、『記・紀』所伝との比較が困難であり、神武以来の皇統譜との関係も不明瞭である。

三人目に倉塚曄子「胎中天皇の神話」[16]（一九八六年）をとりあげる。紙面の関係から論証を省略し説の結論的箇所をみると、「応神も、ある意味では初代の王であり、その誕生の物語がニニギや神武と同様に即位儀礼的枠組をもつことは容易に想像がつく。これもまたまぎれもなく初代王誕生の神話である」という。ここでは「初代王誕生」といって、神の子とは明言していないが、別のところで、「（この）物語の上では（応神の）父仲哀はまるで神言を疑って死ぬためにのみ登場するかの如くである。皇統譜作成のためという要請によって仲哀が関与している部分を除けば、物語は母なる神とそれに守り育てられる御子という古くからの神話的パターンにのっとっているといえる」[17]と論ずる。倉塚氏もまた応神を神の子であると認めているといってよい。

しかし倉塚説が私見と大きく違うのは、神の子として生まれた応神が始祖王として支配する対象を「韓国」と考えているらしいことである。氏は、仲哀の死後に下された託宣に「凡そ此の国は汝命の御腹に坐す御子の知らさむ国なり」とある「此の国」を韓国をさすと考えて、つぎのように論ずる。

> 歴史の展開と共に、文字通り塩沫の果てなる韓国をも含みこまねばならない時代が到来する。（中略）この画期を迎えるための有効な一手段として、新時代を開く初代王の物語が必要であった。ニニギノ命の裔が韓国の統治権を神から授かり、その正当な支配者となったという神話である。(18)

ここで問題になっているのは韓国の統治権だけである。大八嶋国の統治権はどうなるのか。それは右の引用文のなかにみえる「ニニギノ命の裔」と関係する。つまり倉塚氏は応神の父なる神をニニギノ命の裔と考えているのであろう。そうすると応神もニニギノ命の裔で、大八嶋国の統治権はとくにことわらなくても応神のものである。応神が「新時代を開く初代王」であるといっても、新しくつけ加わるのは韓国の統治権だけで、それはそれで大きいけれど、ニニギノ命の裔という大わくのなかでの支配者の移動である。画期を迎えたといっても、天照大神の皇統の継続という点では変化はなく、限定された画期であって、古い政権を変革する新時代の出現とまではいえないだろう。

以上に述べたように、三人の先行研究は、いずれも応神を神の子と認めるが、西田氏は応神が一方では人間の子であることを、「矛盾的自己同一」という哲学用語で説明し、三品氏は『記・紀』にあらわれる応神を「応神陵天皇」と称したために、その実体が曖昧になり、倉塚氏は応神を倭国から切はなして、韓国の始祖王とする。三人の説は、私見とは若干ことなるのである。

三　応神天皇の後継者

応神は神の子として天皇の地位につき、そのあとを仁徳天皇（大雀命・大鷦鷯尊）がつぐことはいうまでもないが、本節では仁徳の性格を検討する。はじめに仁徳が応神のあとをつぐに至る経過を簡単に記しておく。

応神には多くの皇子女があった（『記』には二十七人、『紀』には十九人）が、応神はそのうちから大山守命・大雀命・宇遅能和紀郎子（『紀』は菟道稚郎子）の三人の名をあげ、「大山守命は山海の政をせよ。大雀命は食国の政を執って曰せ。宇遅能和紀郎子は天津日継を知らせ」と言った（『記』）。この表現には曖昧な所があるが、『紀』では、菟道稚郎子を嗣とし、大山守命に山川林野を掌らせ、大鷦鷯尊を以て太子の輔として、国事を知らしめた、とある（応神四十年条）。応神はウジノワキイラツコを後嗣としようとしたのである。

応神の没後、大山守は天皇の命にそむいて、宇遅能和紀郎子を殺し自分が天皇になろうとして挙兵する。大雀は宇遅能和紀郎子にそのことを告げ、和紀郎子は宇治川のほとりに兵を伏せ、みずからは渡子《わたしもり》に変装して、大山守を討ち殺す。その後、大雀は和紀郎子と皇位を譲りあい、多くの日を経たのち、和紀郎子が死んだ（『記』では「早崩」、『紀』では「自死」）ため、大雀命が皇位をついだ、というのである。

大山守と大雀と和紀郎子の三人は、本人が意識するとしないとにかかわらず、応神の後継者としてライバル関係にある。前述のように三人とも応神の子であるが、母はそれぞれ別である。以下母たちの出自を調べ、三人の皇子の勢力のよって来たるところ、すなわち勢力の背景を考えてみよう。この三皇子に限っていえば、用字以外は『記・紀』のあいだにほとんど差がないので、便宜上『記』によって記す。

『記』によると、大山守の母は品陀真若王《ほむだのまわか》の女・高木之入日売、大雀の母は高木之入日売の妹の中日売で、その二人は姉妹である。この姉妹にはもう一人妹があって弟日売といい、やはり応神の妻となり、三人の皇女を生んでいる。図示すると左の通りである。（大山守と大雀以外の皇子女は省略）

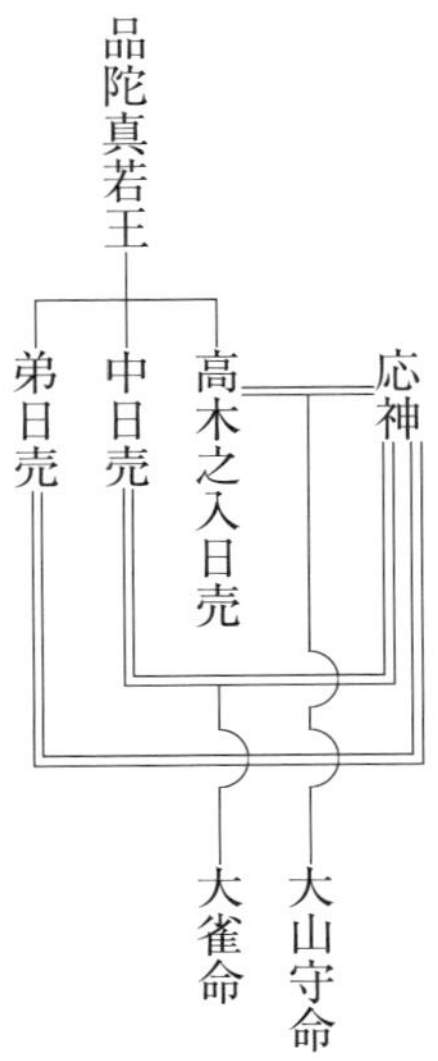

ところが高木之入日売・中日売・弟日売の三姉妹の父の品陀真若王のことは『記』の本文には見えず、応神がこの三人の女王を娶った記事の分註に、

此の女王等の父、品陀真若王は、五百木之入日子命《いおきのいりひこ》、尾張連の祖、建伊那陀《たけいなだ》宿祢の女、志理都紀斗売《しりつきとめ》を娶して生める子なり。

とあるので、ようやく品陀真若王が五百木之入日子の子であることがわかるのである。五百木之入日子は『紀』では五百城入彦と書き、『記・紀』ともに景行天皇の皇子とあり、この分註によると三姉妹は景行につながる。

しかし三姉妹、すなわち仲姫・高城入姫・弟姫の父については、一言もふれない。品陀真若王のことは、『記』

本文にみえないだけでなく、『紀』も応神二年条に、

　立二仲姫一為二皇后一……以二皇后姉高城入姫一為レ妃、……又妃、皇后弟弟姫、……

とあるのみで、三姉妹の父の品陀真若王の名は、本文にも分註にもまったく見えないのである。仁徳即位前紀では、

　母は仲姫命と曰ふ。五百城入彦皇子の孫なり。

とあり、『記』の記述と矛盾しないが、やはり仲姫の父の品陀真若王には触れない。祖父の名をあげながら、父の名を明かにしないのは不審である。

　この問題について、吉井巌氏は早くつぎのように指摘した。

　この王（品陀真若―直木註）は、『記紀』の本流となった記述にはみえず、応神記細註と旧事本紀尾張氏系譜に記述されてゐるだけである。この王の母が尾張氏の祖、建伊那陀宿祢の女、志理都紀斗売とあることからみても、おそらく尾張連などの手によって作為せられ、崇神王朝系譜と仁徳王朝系譜との通路としてさしはさまれたものと考へられる。[19]

　文中、「通路としてさしはさまれたもの」というのは、崇神王朝系譜と仁徳王朝系譜を結びつけるものとして挿入された、という意味であろう。品陀真若王の母の系譜に尾張氏の祖がでてくるのは、継体の妃に、安閑・宣化両天皇を生んだ尾張連目子媛がいるからであろう。品陀真若王を景行の子・五百木之入日子に結びつける分註の系譜の成立は、吉井氏の考えるように継体朝以降と思われる。[20]ただ吉井氏は、品陀真若王の名も、継体朝以降に品陀和気命（応神）の名にもとづいて造作された名称で、実存しないと考えるが、私は品陀真若王が中日売、弟日売の父であることは認めてよいのではないかと考えている。

　品陀真若王の実在性はともかく、このようにみてくると、三人姉妹のうち、二女・三女は中日売・弟日売でそ

れらしい名であるが、長女だけが崇神・垂仁朝の天皇や皇子女など皇族の特色である「イリ」の称を持ち、[21] 二人の妹が持たないのは、三人は寄せあつめの感がして、この三人が姉妹であるというのは、古くからの伝承かどうか疑われてくる。つまり大雀命の母の中日売の地位を高めるために、イリの称をもつ高木之入日売の妹とし、崇神王朝の後継者のようにみせかけたのではないかと疑われるのである。

吉井氏は、高木之入日売を品陀真若の子ではなく、崇神の皇子として『記・紀』両書にみえる八坂之入日子命（『紀』では八坂入彦命）の子と考え、[22] 高木之入日売の系譜をつぎのように復原する。

崇神——八坂之入日子——高木之入日売
　　　　　　　　　　　　　‖——大山守命
　　　　　　　　　　　　応神

しかしまた、『書紀』景行四年二月条に、景行天皇は美濃国に幸して、八坂入媛を妃として高城入媛をもうけ、応神二年四月条に、応神天皇は高城入姫を妃として大山守皇子を生んだとあるから、系図をつぎのように表わすことができる。

崇神——垂仁——景行——高城入姫
　　　　　　　　　　　　‖——大山守命
　　　　　　　　　　　応神

系譜の復原には他の考え方もあるかと思うが、品陀真若王をタカキノイリヒメの系譜から排除し、タカキノイリヒメを崇神王朝の血統をひく女王とみることは正しいであろう。それは崇神（ミマキイリヒコ）・垂仁（イクメイリヒコ）の血統の子女には、イリの称をもつ人物が多く、それ以外の皇子女にイリの称をもつものがほとんどない[23]ことからも、認めてよいと思われる。

このように高木之入日売を崇神王朝の血統を引く女性と認め、品陀真若王を父とする中日売・弟日売の姉妹から切りはなし、品陀真若王を五百木之入日子の子とする所伝（『記』の分註）を後代の造作とすると、高木之入日売の生んだ大山守命は崇神王朝の血統であるが、中日売の生んだ大雀命は、崇神王朝の血統とは次に掲げる系図が示すように、関係がなくなる。

崇神——垂仁——（途中不明）——高木之入日売（高城入姫）
　　　　　　　　　　　　　　　　＝応神
　　　　　　　　　　　　　　　　　├大山守命
　　　　　　　　　　　　　　　　　＝中日売命（仲姫）
　　　　　　　　　　　　　　　　　├大雀命

〔備考〕崇神・応神以外の人名の表記は『古事記』。（　）内は『書紀』。

かつて井上光貞氏は、崇神・垂仁から応神・仁徳にいたる系譜をつぎのように復原し、ナカツヒメ（中日売＝仲姫）を崇神・垂仁の血統の女性と認定し、応神は崇神・垂仁の王朝の「皇統の入りむこであった」[24]とし、有力な学説と認められていた。

崇神──垂仁──景行──イホキノイリヒコ──ホムダノマワカ──ナカツ姫
　　　　　　　　　　　　　　　　　　　　　　　　　　　　　　　║
　　　　　　　　　　　　　　　　　　　　　　　　　　　　　応神═╪══仁徳（大雀命）

しかしこの説は、品陀真若王を五百木之入日子命の子とする応神記分註の語るところを事実、または事実に近い古伝と認めているところに問題がある。さきに検討したところに従えば、高木之入日売は中日売と別系統で、応神のあとを継いだ大雀命は崇神王朝と無縁であるから、入りむこ説は成立しない。

応神が重要な皇子としてあげ、また応神の没後、皇位継承に関係した三人の皇子―大山守命・大雀命・宇遅能和紀郎子―のうち、宇遅能和紀郎子の系譜については、この拙稿ではいままでほとんどふれることがなかった。簡単に説明すると、『記』は母は宮主矢河枝比売で、丸迩之比布礼《わにのひふれ》能意富美の女であるといい、『紀』は母は宮主宅媛で、和珥《わに》臣の祖日触使主《ひふれのおみ》の女と伝える。『記』と『紀』で所伝に少差はあるが、奈良盆地の東北部を本拠とする有力氏族、和珥臣氏の前身をなす豪族の女を母としたと考えられる。

以上に述べた応神天皇の三人の有力皇子の系譜をつぎにまとめておく。皇子の名は『記』により、括弧の中は『紀』の表記。

大山守命（大山守皇子）＝崇神王朝の天皇の血統を伝える高木之入日売命を母とする。

大雀命（大鷦鷯天皇）＝崇神王朝の血統と無縁の品陀真若王の女・中日売命を母とする。

宇遅能和紀郎子（菟道稚郎子皇子）＝奈良盆地東北の地を本拠とする豪族丸迩（和珥）氏の女を母とする。

三人の皇子の性格を系譜から考えると、つぎのようになる。大山守命は崇神王朝の天皇の血縁者の腹から生まれ、崇神王朝の伝統をもっとも濃く身におびている。宇遅能和紀郎子は、崇神王朝の一翼をささえた有力豪族丸迩氏の血縁者を母とし、崇神王朝との関係は浅くはない。大雀命は系譜上は崇神王朝との関係はみとめられない。私はさきに大雀命を生んだ中日売の父が品陀真若王であることは認めてよいのではないか、とした。私のこの推定が正しければ、大雀命は他の二人とちがって、名誉ある系譜をもたず、崇神王朝との関係もない、河内の品陀地域（羽曳野市古市付近）を地盤とする有力者の女を母として生まれた、と考えられる。

『記・紀』には、前述のように応神はこの三人の名をあげ、大山守と大雀にそれぞれの任務を与え、宇遅能和紀郎子には「天津日嗣を知らせ」（『紀』では「嗣と為す」）と命じた、とあるが、むろん事実かどうかは定かでない。物語の上では大山守は応神の命にそむいて、みずから皇位につこうとし、失敗して死に、宇遅能和紀郎子は儒教道徳に従って皇位を年長の大雀に譲って早世（『紀』では自殺）し、大雀が皇位につく。大雀命は労せずして応神の後を嗣ぐことになるが、これは大雀（仁徳）の皇位継承にきずがつかないように造られた物語であることはいうまでもあるまい。

そのいきさつはどのようであれ、結果的には崇神王朝（初期大和政権）ともっとも関係が少なく、河内土着の豪族との関係が深いと思われる大雀命が応神の後継者となった。以上が『記・紀』に伝えられたところから知られる仁徳天皇の皇位継承時の性格である。

むすび

以上三節に分けて述べたことを要約すると、第一節では、四世紀末ごろ、『記・紀』にみえる天皇でいえば仲哀・応神のころに、大和・河内を中心に大きな勢力をもっていた崇神王朝（初期大和政権）に大きな変化がおこったのではないかということを、天皇の和風諡号、皇位継承法、皇陵保護のための陵戸の設置、『記』における天皇の死亡の年を示す崩年干支の分布などの変化から推測し、第二節では、仲哀と応神の父子関係に疑問があり、古くは応神は仲哀の子ではなくて、新政権の創始者にふさわしく、神の子と考えられていたことを論じ、第三節では、応神から子への皇位継承において、崇神王朝の血をひく大山守命も、崇神王朝と関係の深い和珥氏の血をひく宇遅能和紀郎子も没落し、血統的には前王朝とまったく関係がなく、河内の豪族の血をひく女性を母とする仁徳（大雀命・大鷦鷯尊）が、応神に始まる新しい政権の王の地位についたとした。

つまり河内政権は、初代の応神のときに父系で大和政権の王との関係が絶え、第二代の仁徳のときに母系で大和政権の王と切れることを、第二節と第三節で述べた。こうして大和政権とは血統的に無縁な河内政権が四世紀末ごろに成立し、そのため第一節にみたような、時代の変化を示す各種の現象がおこるのである。

河内政権の成立はもっと多くの面から述べなければならないが、紙面の制約があるので、本稿では主として河内政権の首長の血統の面から、考えの大略を述べた。

［追記］

本稿第一節については拙稿「『記紀』伝承にみえる歴史の裂け目と河内政権」、第二節については「応神天皇の誕生」（以上いずれも拙著『古代河内政権の研究』〈塙書房、二〇〇五年〉に所収）を参照されたい。第三節については「応神天皇の皇子大山守命について―その死の意味するもの―」（『応神大王の時代』大阪府立近つ飛鳥博物館、二〇〇六年）に、ほぼ同様のことをやや詳しく述べた。

注

（1）この座談会の全文は一九五八年に『日本民族の起源』と題する単行本として、平凡社より刊行された。石田英一郎氏の「まえがき」と、岡正雄氏の「あとがき」が付されている。

（2）水野祐『日本古代王朝史論序説』（私家版、一九五二年）。一九五四年に増訂版が小宮山書店より出版された。井上光貞『日本国家の起源』（岩波新書、一九五四年）。

（3）直木「応神王朝論序説」（直木『古代河内政権の研究』塙書房、二〇〇五年、初出は一九六四年）。

（4）上田正昭『大和朝廷』（角川新書、一九六六年）。岡田精司「河内大王家の成立」（岡田『古代王権の祭祀と神話』塙書房、一九七〇年、初出は一九六八年）。

（5）熊谷公男『大王から天皇へ』（講談社「日本の歴史」3、二〇〇一年）九一ページ。

（6）熊谷「前掲書」九一ページ。

（7）直木「欠史八代と氏族系譜」（直木『日本古代の氏族と国家』吉川弘文館、二〇〇五年、初出二〇〇四年）。新井喜久夫「古代陵墓制雑考」（『日本歴史』二二二、一九六六年）参照。

（8）崩年干支は崇神天皇記よりはじまるので、崇神を最初の天皇とする説の根拠にもされる。平凡社『日本史大事典』「紀年論」の項参照。

（9）大和にはのちに臣姓を称する豪族が多く、河内には後に連姓を称する豪族が多い。直木「河内政権と古代豪族」（直木『古代河内政権の研究』前掲）参照。

（10）直木「応神王朝論序説」（直木『古代河内政権の研究』前掲）三六ページ以下。

（11）直木「河内政権と日本古代の王権神話」（直木『古代河内政権の研究』前掲）。

（12）吉井巌「応神天皇の周辺」（吉井『天皇の系譜と神話』塙書房、一九六七年）一五五ページ。

（13）平凡社『大百科事典』（一九八五年）による。

（14）西田長男「日本の聖母」（西田『古代文学の周辺』南雲堂桜楓社、一九六四年）

（15）三品彰英「応神天皇と神功皇后」（三品『増補日鮮神話伝説の研究』平凡社、一九七二年）。三品氏の『日鮮神話伝説の研究』は一九四三年刊の著作である。『増補日鮮神話伝説の研究』は、これを後編とし、前編に新稿の「古代宗儀の歴史的パースペクティブ」を加え、一九七二年に、「三品彰英論文集」第四巻として刊行された。

（16）倉塚曄子「胎中天皇の神話」（倉塚『古代の女』平凡社、一九八六年、初出は一九八二年）。

（17）倉塚、前掲論文、九四ページ。

（18）倉塚、前掲論文、九九ページ。

（19）吉井巌「応神天皇の周辺」（『天皇の系譜と神話』前掲）二二〇ページ。

（20）吉井氏はこの問題についてつぎのようにいう。「中日売を中心とする系譜の成立については、なほ不明な部分が残るけれども、品陀真若王を加へて、記のごとき形にまとまってきたのは、継体朝以後とすべきことだけは動くまい」前掲論文、二二一ページ。

（21）吉井氏の調査によれば、名のなかにイリの語をもつ者二七名、うち崇神の系統とは異なる系統の者五名、系譜の明かでない者二名で、のこる二〇名は崇神の血統に属すると考えられる。吉井「崇神・垂仁の王朝」（吉井『天皇の系譜と神話』前掲）四一—四三ページ。

(22)　吉井「崇神・垂仁の王朝」(前掲)八一ページ。
(23)　前掲注(21)の論文参照。
(24)　井上光貞『日本国家の起源』(岩波新書、一九六〇年)一七四―一七六ページ。

第二章　日本古代国家の形成と河内政権

はじめに―河内政権の特色―

日本古代史上で四世紀から五世紀にかけての時代は、国家形成の初期にあたり、特に問題が多い時代である。古代国家の中心となる地域はおおむね大和で、後世天皇とよばれる政治の首長である王の居所である宮は多く大和に設けられた。そのなかで四世紀の末から五世紀中頃までのおよそ半世紀、約五十年間は、王の宮は大和を離れ、河内の地に移った。その時期には河内に古代史上最大の、及びこれにつづく大古墳がいくつも造営された。またこの時期は倭王が中国にたびたび朝貢し、何人もの倭王が、中国の皇帝から将軍号を与えられ、倭王の臣で官職を授けられる者も少なくなかった。中国と倭とのこうした関係は、倭王の宮が河内から大和へもどってからも二、三十年つづくのであるが、河内に天皇が数代にわたって都をおいた約五十年間は、日本古代で特異な時期であった。本稿ではこの時期を河内政権の時代と呼ぶ。はじめにこの時代の歴史を、『古事記』と『日本書紀』（以下『記・紀』と略す）と、中国南朝の史書『宋書』によって略述する。

四世紀の末ごろ、天皇の宮は大和から河内（淀川下流の摂津東南部と和泉を含む）に移され、それより二、三代にわたって河内に王宮がおかれた。応神の難波大隅宮、仁徳の難波高津宮、仁徳の皇子、反正天皇の河内丹比柴籬宮がこれである。反正即位より早く、反正の兄の履中天皇は父の仁徳の没後、難波宮で即位の儀礼の一部である大嘗《おおにえ》のあとの豊明《とよのあかり》（宴会）をすまして寝たところ、弟の墨江中王《すみのえなかつみこ》の反乱が起こり、履中は難波宮から大和にのがれ、石上神社に移ったと『古事記』に見える。のち伊波礼の若桜宮にいたことは履中条のはじめに記されている。『宋書』には、四二一年（永初二年）に倭王の讃が宋に遣使朝貢し、讃の死んだあと弟の珍が宋に朝貢したとあり、珍を履中に当てる説があるが、履中は河内から大和へ逃亡しているのであるから『記・紀』によるかぎり、履中ではなく、履中の弟の反正とするのが妥当であろう。珍の次に朝貢する倭王は済で、四四三年と四五一年の二度朝貢したことが『宋書』にみえる。珍と済とのつづきがらは『宋書』に記されていないが、済は反正の次の王（天皇）となる允恭と推定してよいであろう。

そして『宋書』によれば、倭王の地位は四六二年に済の子興が継ぎ、さらに興の弟武にうけつがれる。済の子興、興の弟武が引き続いて王となる系譜は、『記・紀』に伝えられる允恭の子が安康、安康の弟が雄略という系譜に一致し、倭王武は雄略に当たると考えられる。このことからも済が允恭であることは確かである。

また『記・紀』によれば、允恭とそれ以後の天皇の宮は允恭が遠飛鳥宮、安康が石上穴穂宮、雄略が泊瀬朝倉宮というように、河内には設けられず、天皇の本拠とする土地は河内から大和へ移ったと考えられる。允恭朝に何らかの大きな政治的変化が起こったと思われる。その変化については後で述べるが、いずれにせよ、河内政権の時代は四世紀末前後の応神、仁徳の代から、五世紀中葉の四四〇年頃の反正の代まで約五〇年で終わるのである。

この期間、倭国の中心となった河内政権の実態、およびこの政権の歴史的意義について考えるのが本稿の目的である。

この期間の特色としてめだつのは、さきに少しふれたが、大阪平野南部の古市（現羽曳野市・藤井寺市）と百舌鳥（現堺市）に、大和に造営されていた大古墳を越える巨大な古墳が造営されたことであろう。それまでは三世紀後半以来一世紀あまりのあいだ、大和で日本で最大の古墳が作られていたのが、大阪平野南部すなわち河内南部に取ってかわられるのである。

古墳時代の時期区分を前・中・後の三時期に分けると、四世紀末ごろまでの前期、そのあと五世紀中頃までを中期前半、五世紀中頃から末までを中期後半とするのが通例であると思うが、墳丘の全長が二五〇メートルを超える大古墳は、前期の大和では渋谷向山古墳（現景行天皇陵）が三一〇メートル、箸墓古墳（現倭迹迹日百襲姫墓）が二八〇メートル、五社神古墳（現神功皇后陵）が二七〇メートル、メスリ塚古墳が約二五〇メートルの四基、続く中期前半ではウワナベ古墳二七六メートル、市庭古墳約二五〇メートルの二基であわせて六基である。河内では古市の誉田御廟山古墳（現応神天皇陵）四二〇メートル、仲ツ山古墳（現中津媛皇女陵）二八六メートル、百舌鳥の大仙陵古墳（現仁徳天皇陵）四八六メートル、上石津ミサンザイ古墳（現履中天皇陵）三六五メートル、土師ニサンザイ古墳二八八メートルで、二五〇メートル以上の古墳は中期前半の五、六〇年だけで五基ある、三〇〇メートルを超す超巨大古墳は大和は一基（渋谷向山古墳）だけであるが、河内では大仙陵古墳、誉田御廟山古墳、上石津ミサンザイ古墳の三基であって、うち二基は四〇〇メートルを超える。

これらの天皇陵とされる古墳の多くを特定の天皇陵とする宮内庁の認定には疑問があるが、そのうち河内から大和に逃亡したと伝えられる履中は別にして、あとの河内に宮をおいたと伝えられる応神・仁徳・反正の三天皇の陵は両地域の巨大古墳のどれかであることは事実としてよいであろう。この三天皇はいずれも河内に宮を営んだことも『記・紀』にみえる。大和に興った天皇（大王）家が、一時的にもせよ、四世紀末から本拠とする地を大和から河内に移したとする考えは誰でも持ちやすいことであろう。

しかし、私たち―私や上田正昭・岡田精司両氏など―は、この考えを一歩あるいは数歩進めて、三、四世紀の大和政権は四世紀末に滅び、代わって新しい政権が河内に興ったと考えた。日本の国家の歴史が四世紀末に大きく回転するとみるのである。古い大和政権が四世紀末に滅び、新しい政権が河内に興る、これがいわゆる河内政権論で、政権を握る天皇の血統も、大和政権のそれは滅び、新しい天皇（大王）家が出現すると考える。私はこの考えをまとめて、一九六四年に「応神王朝論序説」と題する論文を発表した（『難波宮址の研究』第五、難波宮址研究会）。発表後二、三年はこの考えに賛意を表する研究者は少なくなかったが、やがて批判がおこり、反対論者が多くなった。私はその後「応神王朝」の名称を「河内政権」に改めるなど若干の修正を施して、いくつかの論考を草し、自説の補強をはかり、その中から十二編を選び、さらに二〇〇三年に発表した「河内政権論について」（『東アジアの古代文化』一一七号）を序論とし、最初に書いた「応神王朝論序説」をあわせ、全十四編で一書を編み、二〇〇五年二月、『古代河内政権の研究』の名で、塙書房より刊行した。

これで私の河内政権の研究は一応まとまったのであるが、自説を述べるのに急で、批判に対してはあまり答えていない。本稿では諸方面からの批判にできるだけ答えるとともに、今まで怠ってきた考古学、特に古墳についての検討を加え、現在自分の考えているところを五つにまとめ、それをこの論文の第一節から第五節とし、以下に論述する。

一　「応神王朝論」提起の背景—紀元節問題と『記・紀』批判—

1

私が河内政権について書いた最初の専論は「はじめに」で述べた「応神王朝論序説」（以後略して「応神王朝論」という）という小論である。それは一九六四年のことで、河内に新しい政権が成立したという点ではほぼ同様な説が、一九六六年に岡田精司氏（「河内大王家の成立」、岡田著『古代王権の祭祀と神話』〈塙書房〉所収）、一九六七年に上田正昭氏（『大和朝廷』角川選書）によって発表された。しかし「はじめに」で述べたように、その後私見を批判する論説が多くなった。それらの諸説のうち、主要と思われるもの若干については本稿の二で述べることとし、その前に私が「応神王朝論」で述べた応神王朝を新王朝と考える理由について簡単に述べておく。

（1）『記・紀』に応神・仁徳が聖天子と伝えられているが、それはこの二王の男系の子孫が武烈天皇で絶え、特に武烈が『書紀』では暴虐な王と伝えられていることと対応し、応神・仁徳を初代とし、武烈を最後とする政権の存在を示唆する。

（2）古代の天皇（大王）の即位儀礼の一つに、難波の地において大阪湾に流れ込む淀川河口で、新しく位につく大王がミソギをする八十島祭が行なわれたが、その慣行は難波が新しい政権の起こった地であることを示唆する。

（3）イザナギ・イザナミ両神による国土の創成を語る国生み伝説は難波を含む大阪湾周辺の地で起こったと

思われるが、このことも難波の地域を本拠とする政権が内陸部の大和に基礎をおく大和政権の延長ではないことを語る。

（4）五世紀以降、朝廷で勢力を持ってくる豪族には、大伴・物部・中臣などの連を姓とする氏族が少なくないが、それらの氏族の出身地は河内が多い（大伴・物部・中臣の諸氏が本来大和を地盤とする氏族であるとする説もあるが、それらが当たらないことは別に論じた〈拙稿「河内政権と古代豪族」拙著『古代河内政権の研究』〈塙書房〉所収〉）。なお本書五六・五七ページ参照

（5）拙稿「応神王朝論」で最も力を入れたのは、『記・紀』にみえる氏族の先祖の記事が、歴代の天皇のうち、どの天皇の代に現れるかの分析である。まず『古事記』に祖先系譜を記している氏族が、自分の祖先の出現をどの天皇のときのこととしているかを調べると、二〇四の氏族のうち二〇〇までが自己の祖先を応神朝まで（応神朝を含む）にあらわれたとしている。そのなかには、孝昭・孝元・開化など実在性の極めて少ない天皇の時とする氏族が七一氏ある。『古事記』の編纂される時代―七世紀後半ごろ―には、応神以前が氏族の始祖があらわれる時代にふさわしいという思想ないし感覚が存したと考えられる。

このことは『書紀』にあらわれる氏族も同様で、祖先の出現を記す氏族一一一氏のうち九三氏が応神以前である。仁徳以後が一八氏で、『古事記』よりは仁徳以後の比率がやや高くなるが、応神以前が圧倒的に多いことは『古事記』に変わらない。

このことは、七世紀ごろの朝廷と関係ある氏族の多くは応神以前を仁徳以後と異なる時代であると感じていたことを示すものであろう。それは応神以前を神代と神代に準ずるはるかな時代と考え、自己の属する氏族の始祖のあらわれる時代にふさわしいと思っていたことにもとづく。換言すれば、彼らは仁徳から

新しい時代がはじまると考えていたことを示す。

私はほぼ以上のようなことを「応神王朝論序説」で述べたつもりである。そして応神王朝（河内政権）が強力となった理由の一つとして、河内に接する大和の葛城地域の雄族葛城氏と婚姻関係を結び、協力し合ったことを挙げ、さらに四世紀末に成立した応神王朝は五世紀中頃の允恭大王の時代に、大和盆地東南部に残存していた古い勢力と、大和西部を領する葛城氏を滅ぼして河内から大和に本拠の地を移したと考えられることとを付け加えた。

付加した葛城氏との関係や、大和盆地東南部の勢力との関係はともかく、私が「応神王朝論序説」で述べた主要な点は、応神・仁徳が新しい政権を樹立した初代の王とそれに続く王であることである。しかし新しい首長が現れるにはそれだけの理由があったはずである。その理由について述べていないのは私見の弱点であって、批判を受けるのは止むをえないが、応神あるいは仁徳が新政権の初代の王であるとする論点が、私見に批判的立場の研究者の多くに無視あるいは軽視されたことは、筆者としては遺憾であるといわざるを得ない。

2

しかし、ひるがえって思うに、私が応神・仁徳を新政権の初代支配者であるとする考えに拘泥して、新政権の応神王朝＝河内政権の実態について述べることが少なかったのは、確かに私の論の弱点である。けれども私がそのような形で論を立てたのにはそれなりの理由がある。「応神王朝論」を発表したのは前述のように一九六四年であるが、戦後二〇年近くしか立っていないこの時期には『記・紀』に倭国の初代天皇と伝える神武天皇の実在を信ずる人は少なくなく、実在したとする学者も若干存した。そういう人々や一部の学者と協力して、神武天皇が即位したと『書紀』に記された日を紀元節とする戦前の考えを復活させ、「建国記念の日」の名で国民の祝日としようとする動きがおこっていた。

このような形で紀元節の復活をめざす保守政党が「国民の祝日法改正案」を国会に提出したのは一九五七年（昭和三二）が最初で、以後一九六四年まで合計七回、ほとんど毎年のように保守政党である自民党から提案されたが、反対の声も強く、いずれも国会を通過しなかった。そのため一九六五年、保守政党からなる内閣ははじめて政府立法として「祝日法改正案」を提案したが、野党の反対が強くてやはり廃案、翌一九六六年に内閣はふたたび同じ案を国会に提出し、多数党である自民党は政府の意図を受けてルール無視の強行採決をはかり、国会を混乱におとしいれた。そのため衆議院議長が調停をはかり、与・野党の協議で修正案が作られ、この年六月七日に修正案が衆議院を通過した。

修正案は建国記念日の設置に関する審議会を設け、審議会の答申を待って政府が決定するというものだが、審議会の委員は政府が任命するのだから、もとの紀元節の二月一一日が建国記念日として復活する公算がきわめて大きい。はたしてことはそのように運び、一九六六年一二月八日に、二月一一日が建国記念の日に決定された。

私の「応神王朝論」はこのいわゆる「紀元節論争」、つまり日本の初代の天皇として神武天皇の実在の有無についての論争が白熱した渦中で書かれた。その趣旨とするところは、『記・紀』のなかにみえる日本古代の伝承には疑わしいものが多く、四世紀末ないし五世紀初めの応神・仁徳を初代とする王朝（王権）の存在したことは十分考えられ、かりに神武が存在したとしても、その王朝は四世紀後半に絶えたということで、神武はすでに滅んだ王朝の初代ということになり、それは現在初代と伝える神武をそれほど重要視する必要はないことを意味する。私はそこまでは述べてはいないが、その意味を含んだ論文であることは当時紀元節論争に関心を持った人々は、十分に理解していただろう。私の主張する河内政権論が発表の当初、多くの研究者に支持されたのは、このような社会ないし政治の状勢があったことにもよるのであろう。

しかしそれから約二〇年たったころから、河内政権論に対する批判が多くなったように思われる。畿内の「連合勢力の中枢首長」の勢力基盤は大和盆地南部にあるとする考えにもとづいて、河内政権の存在を批判した近藤義郎氏の説（『前方後円墳の時代』岩波書店、一九八三年）は最も有力なものの一つであろう。同様な視角から河内政権論の精密な批判を展開した、当時中堅の考古学者広瀬和雄氏の論文「大王墓の系譜とその特質」は一九八八年に発表（同氏『古墳時代政治構造の研究』塙書房、二〇〇七年所収、第二章）され、文献を主とする立場からの批判は、和田萃氏が広瀬論文が出る前年の一九八七年に小学館より刊行された『大系日本の歴史』第二巻（古墳の時代）がある。

もちろん右の諸氏より少し早く、一九七五年に平野邦雄氏が「ヤマト王権と朝鮮」（岩波講座『日本歴史』1）で批判説を公けにしているように、早く出た論著もあるが、それほど多くはなかった。学界は古代史が応神王朝論で分断されてから二〇年たって、これを立て直そうとする段階に入ったといえるかもしれない。その意味で近藤説は、その先陣を切ったと評価することができよう。

これらの批判については次節で答えるつもりだが、その前に私の河内政権論の基礎である応神・仁徳両大王が新しい政権の初代であることについて、初稿発表以後に考えたことを述べ、自説の補強としたい。

3

『記・紀』その他の伝承や神話に応神を神の子とする伝えがみられる。それは応神を新しい政権の首長と考えられていることを示すものであろう。

このことは二〇〇三年に発表した拙論「応神天皇の誕生」(『古代河内政権の研究』二〇〇五年、初出二〇〇三年)に詳論したが、この問題についてそののちに考え得たところをあわせて『古代河内政権の研究』(前掲)の序論とした「河内政権論について」(初出二〇〇三年)の第二節「祭祀と神話」にまとめて述べた。その大要をここに再録することとする。そのほか、淀川河口で八十島祭が行なわれることや、国土の創成を語る国生み伝説も、河内政権が大和を本拠とする政権に代わる新しい政権であることを語ると思われるが、本節の1で述べたので省略する。

古代の神話・伝承では、神の子が新しい政権の創始者となることが多い。神の子が新政権の初代の王として出現するのである。応神天皇の場合、系譜の上では父にあたる仲哀は、海の彼方の国を討てという神の託宣に従わなかったため、神の怒りにふれて死に、その妻の神功皇后が神の託宣通りに新羅を討って、これを従え、筑紫に帰って生んだのが応神である。応神は神功に下った神の子と信じられていた。

以上の詳細は第一章第二節の二二ページ以下に記したが、これに関連してもう一つつけ加えておきたいことがある。それは篠原幸久氏が指摘しているのだが、『古事記』の仲哀段のはじめに、応神が生まれたとき「鞆《とも》のごとき宍、御腕に生《な》」ったために、応神は大鞆和気命と呼ばれたとあり、『書紀』の応神前紀に、「すでに産れませるときに宍、腕の上に生いたり。其の形、鞆の如し」とあり、「是は皇太后(神功)の雄々しき装したまひて鞆を負《は》きたまへるに肖《あ》えたり」とつけ加えている。吉田敦彦氏によると、太陽神である天照大神は天安河でスサノヲと誓約《うけい》するに際し、武装して鞆を身につけていたことから、応神が腕に鞆のごとき宍をつけて出生したのは「日の御子的始祖王」出生の神話であると推定した。篠原氏はこの説を引いて、

かつて太陽の御子としての応神の出生をめぐって、王朝の始祖が語られる形の建国神話の世界が存在したこ

とはまず間違いあるまい。

と論じた（篠原「応神天皇の始祖像について―その名をめぐって―」『続日本紀研究』二五五、一九八八年）。応神から新王朝が始まるとする私見の傍証とすることができよう。

二　河内政権論の批判に答える―部族連合の首長はどこにいたか―

1

第一節2で取り上げた近藤義郎氏が筆者の意見を批判する説の要点を記すと、およそ次の三点にまとめることができよう。

1　大和には大和の諸豪族の連合（部族連合）の中枢首長が存在し、大和盆地東部山麓の萱生《かよう》・柳本地区と、北部の佐紀盾並《さきたたなみ》地区に巨大な首長墳を造った。

2　四世紀末になると、大和には大古墳を造る余地がなくなり、開発の遅れた河内に古墳造営の地を求め、古《ふる》市《いち》・百舌鳥《もず》の地に部族連合の最高首長の墓として巨大古墳を造った。

3　大和連合勢力の中枢首長は、大和だけではなく河内地域も支配していたが、其の基盤は大和盆地南部にあった。

以上のごとくである。しかしこの説にはいくつかの疑問がある。まず第一に、大和盆地南部が大和の部族連合の中枢首長の権力ないし勢力の基盤であることの根拠として、近藤氏は大和盆地南部に古式小墳の多いことをあげている。

氏は、「古式小墳」を「六世紀中葉以降の横穴式石室が普遍的に古墳の埋葬構造となった時期の小墳（「横穴式石室小墳」）と、それ以前と考えられる小墳（「古式小墳」）とに分けて（近藤氏著書二九五ページ）、畿内五ヶ国の「古式小墳」と「横穴式小墳」の数はつぎのようであるという。

	「古式小墳」	「横穴式石室小墳」
大和	三千数百基	一〇〇〇基強
河内	二〇〇基以上	一八〇〇基強
和泉	二〇〇基未満	二〇〇基強
摂津	二〇〇基未満	四〇〇基強
山城	三〇〇基未満	四〇〇基強

そうして、これは現存の数であり、かつ調査にもれた「小墳」や破壊された横穴式石室墳も少なくないことに考慮しなければならないとするが、ここに現われた「古式小墳」の数は、大和のそれが他の地域を圧倒して多く、さらにその多くが大和盆地南部にあることを、大和連合勢力の首長の基盤が大和盆地南部にあった証拠とする。

しかし連合勢力の首長の基礎が大和盆地の南部にあったというためには、その地の古式小墳が多いだけでなく、四世紀以来、多数あったのでなければならない。しかし、四世紀まで年代のさかのぼる「古式小墳」が多数あったとするのは疑問である。

筆者は考古学を専門としないが、一九七〇年代に橿原考古学研究所によって行なわれた発掘調査によれば、大和盆地南部にある二四六基の小古墳からなる新沢千塚（橿原市）の古墳群は五世紀後半から六世前半にかけて筑造されており、四世紀にまでさかのぼる古墳はきわめて少ないことが明らかになった（奈良県史跡名勝天然記念物調査報告三九『新沢千塚古墳群』一九八一年。大塚初重、他著『日本古墳大辞典』東京堂出版、一九八五年）。ただ「古式小墳」が多いというだけでは、四、五世紀に部族連合の中枢首長が大和盆地南部を地盤として成立したということの理由や説明にはならない。

近藤説に対する第二の疑問は、小古墳、特に横穴式石室をもたない小古墳は後世の開発で破壊されやすく、表面観察だけではかつて古墳があったかどうかを見分けることができないという問題についての配慮のないことである。小古墳は破壊されると、あとがほとんど残らない。近藤氏は大和には他の地域よりはるかに多数の「古式小墳」のあることを示す数値をあげているが、その数値は、中世以降の大和の開発の遅れたことの証明にはなっても、四世紀の部族集団の首長の地盤が大和にあったことの証拠とすることは無理であると思われる。

第三の疑問は、「古式小墳」の大きさを示す数値が示されていないことである。「古式小墳」といっても、具体的に大きさが示されなければ、その数は確定しにくい。いうまでもなく、上限が大きければ多くなり、上限が小さければ少なくなる。数値が具体的に示されなくても、大和・河内・和泉・摂津・山城の五国が同じ数値を用いたのであれば、相体的な比較はできるが、近藤氏の示すところでは、それも明確でない。さきに示した近藤氏作製の「古式小墳」の数の国別の表は、統計として果して有用といえるか、という疑問さえ感ずる。

以上のように、筆者は「古式小墳」に関する近藤説に従うことはできない。他にも問題は少なくないが、多岐にわたるので、詳論は別の機会に譲る。

以上要するに五世紀前半、大和にも河内にもそれぞれの地に首長がいて、それぞれ大古墳を造営したと筆者は考えている。四世紀後半に現れる大和の佐紀の首長墓より、河内の古市・百舌鳥の首長墓の方がはるかに大きいことは、大和の首長を圧倒する勢力を持つ首長が四世紀末以降に河内に現れたことを示すと思われる。

私見によれば、近藤説にはこのようにかなり重要な疑問があると思うのだが、近藤説の発表後、その説に従い、支持する研究者が少なくない。次にその若干を取り上げて検討する。

2

一九八八年、考古学者の広瀬和雄氏は「大王墓の系譜とその特質」（『考古学研究』三四巻三、四号。所収論文集は第一節2に記した）を発表して、河内の古市・百舌鳥の二大古墳群は、在地の権力者の意志ないし企画によって造られたのではなく、大和を本拠とする強力な大和政権の首長の意図にもとづくものと論じた。近藤説によるものとみてよいであろう。

そして、この論文では、日本に渡米した朝鮮・中国の人々は、住吉津や難波津に上陸したあと大和へ向かう途中、百舌鳥古墳群や古市古墳群の偉容を望み、奈良盆地にはいって、馬見古墳群、佐紀古墳群、大和・柳本古墳群を眺めながら、「政権所在地へと進んでいく」と記している（前掲著書八七ページ）。近藤説では大和盆地南部に部族連合の首長の地盤があったといっており、広瀬説でも古市や百舌鳥の古墳群が造られる五世紀になっても、政権の所在地は大和にあったとみているのである。ではその大和の政権所在地と、五世紀に存在した難波高津宮や丹比柴籬宮との関係はどうなるのであろうか。文献上は、そのような政治機関の二重性を示す史料は存しない。

また氏は四世紀後半ごろから五世紀後半ごろにかけての政治状態を、次のように説明する。佐紀・馬見・古市・百舌鳥の四大古墳群が共存したことが示すように、この四大古墳群を並行して造営し続けた四有力首長が共存しており、その中で「古市古墳群と百舌鳥古墳群を築造し続けた有力首長のいずれかが、輪番的に、七代（古市と百舌鳥の七基の巨大古墳の首長―直木註）におよぶ王、大王としての地位を占めつづけた」（一〇一ページ）と。

広瀬氏も古市と百舌鳥の古墳群を造り続けた河内の部族の首長を、佐紀や馬見など大和の部族の首長より有力な存在であることを認めている。それなのに大和・河内を支配する首長がなぜ河内に移らず、遠くて支配に不便な大和にいて政権を取り続けたのであろうか。広瀬氏の説は、説明が不十分であるといわざるをえない。

文献を主とする歴史学者では、和田萃《あつむ》氏が広瀬氏の説が出る前年の一九八七年に『大系日本の歴史』第二巻「古墳の時代」（小学館）の中で河内政権論を批判しているが、自説を「巨大王墓の分布から、四世紀後半から五世紀代には大和と河内の諸勢力は一体化していて、いわば連合王権ともいうべき政治連合を形成したとの説にたつ」と説明している。近藤説を踏襲していると言ってよいだろう。氏も大和と河内の連合政権の中心は五世紀においても大和にあるとし、河内政権の存在を認めないのである。

和田氏は古墳からだけではなく、文献の面から五世紀においても大和は河内の勢力下には入らず、有力な権勢を持続していたことをいくつかの例をあげて論じている。その一々について詳しく批判する余裕はないが、二、三の論点について私見を次に述べる（和田説に対する批判は、拙稿「天香具山と三輪山」〈拙著『古代河内政権の研究』所収〉でも述べた。参照されたい）。

その一つは五世紀の中頃から国政に大きな力をふるう大伴連の出自についてである。和田氏は、大伴吹負が七世紀後半の六七二年の壬申の乱の時、天香具山のふもとの百済に住んでいたこと、八世紀に桜井市の鳥見山付近の跡見に私有地を持っていたことなどから、大伴氏は大和を本拠とする氏族であるとする。

しかし七、八世紀の状況から五世紀前後の大伴氏の本拠地を推定してよいだろうか。それより有力な史料が

『書紀』にみえる。それは『書紀』の雄略九年三月条に見えるのだが、大伴連談《かたり》は朝鮮に出征して新羅と戦って死んだとき、雄略天皇は大伴連室屋に、「汝大伴卿、紀卿等と同国近隣の人なり」といい、室屋は勅を奉じて談の墓を紀の国に近い田身輪《たむわ》邑（後の和泉国日根郡淡輪村）に作ったという。この所伝その他から大伴氏の本貫は河内・和泉の地と考えるのが妥当である。また『書紀』の敏達十二年条に、「石川大伴村」という地名がみえる。この石川は、前後の関係から河内国石川郡の地をさすと思われる。ここもまた大伴氏の本拠地の一つであろう。

さらに『書紀』神武二年二月条に、大和平定に功のあった人々に神武が褒賞を与える記事があるが、大伴氏の遠祖道臣には築坂邑（高市郡）を賜ったとある。大伴氏の本拠地が大和の天香具山付近（高市郡）や跡見（城上郡）にあれば、築坂邑を与える必要はあるまい。築坂邑を与えたという伝承も、大伴氏の本拠が大和ではないことを示唆する。

また和田氏は河内政権成立以後も、大和には強い勢力を維持する有力者がいたとする。それを証明する一つは武器の所有で、『書紀』垂仁三十九年条の分注によれば、茅渟（和泉国の古称）の菟砥《うと》の河上で作られた大刀一千口が大和盆地の東南部の城上郡の忍坂邑に収められ、のち石上神社に移されたとある。石上神社は大和盆地中部の山辺郡にある。和田氏によれば、石上神社の創祀は五世紀後半という。

そして大和の東南部には、大和の地名のみなもととなったヤマトという名の地域があり、そこには歴代の大王（天皇）のみが領有できる「倭屯田《やまとのみた》」があり、その屯田は律令制下の八世紀まで維持された。それは大和には河内政権の力が及んでいないことを意味し、「ヤマトの地域こそ四世紀以後も王権の本源地」であった、とする。

この地域の人々の信仰を集めていたのが、大和盆地南部の東に秀麗な姿でそびえる三輪山であり、それを祭るのが三輪山のふもとに鎮座する大神神社である。そして四、五世紀には「王（大和政権の王をいう）自らが三輪山祭祀にあたっていたのではないか」と推測する。

和田氏が論ずるように、大和の東南部には強力な武器を持ち、地味豊かな土地を擁し、三輪山の神を信ずる人々がいたのであろうが、それは大和盆地東南部の一角のことで、大和一国の全体を支配していたとはいえない。ましてそれが、河内をも支配していたとは思われない。

河内政権の成立は四世紀末ごろであるが、それより早く四世紀後半のころより五世紀にかけて大和西部には全長二〇〇メートルを越える古墳三基の存在する馬見古墳群が築造され、ほぼ同じ時期に大和北部には同様の規模の佐紀東部古墳群が造営され、その古墳群の盟主である豪族が大和のそれぞれの地域を支配していたと思われ、和田氏が強力な勢力を持っていたとする地域は、馬見古墳群・佐紀東部古墳群のある大和西部や北部を除いた大和東南部の一部に過ぎなかったと見るのが妥当であろう。

その上、馬見古墳群の盟主と思われるのは葛城氏であるが、その首長葛城襲津彦の女、磐之媛は仁徳大王の妃であって、河内政権の力が馬見古墳群の首長の支配する地域である大和西部におよんでいたと考えられる。また『書紀』の神功皇后紀によれば、佐紀古墳群のある佐紀地域の有力者と思われる仲哀の皇子の麛坂《かごさか》・忍熊《おしくま》の兄弟(母はともに仲哀の従妹の大中姫)は神功皇后が即位前の幼子の応神を連れて筑紫から大和へ帰ってくるのを迎え討とうとして準備するが、麛坂は赤い猪に襲われて死に、忍熊は菟道(宇治に同じ)で神功側の軍と戦って敗死するという伝承が残されている。この伝承には諸種の勢力が錯綜していて、もとの形を明らかにすることは困難だが、大和北部の佐紀の勢力が神功と応神、すなわち河内政権の勢力と闘って敗れたことが推測される。そのように推定するのは、佐紀の西部に忍熊の地名が押熊の字をあてて、今も残っているからである。おそらく河内政権は佐紀の勢力に一撃を与え、この地に勢力を伸ばしていたのであろう。

さきに私は本論文の「はじめに」で、五世紀の中ごろ、『宋書』の済、『記・紀』の允恭天皇の時に、河内政権は本拠とする地を河内から大和へ移したと述べたが、王権が河内から移ってきたときの大和の状態は右に述べたようであったと思われる。大和の一角に残っていた古い大和政権の勢力では允恭の力に抗することはできない。移ってきた允恭の新しい大和政権は古い勢力が有していた忍坂の刀を奪って大和盆地中部の石上に移し、古い勢力が代々王権の固有の領地としていた大和の屯田も新政権の所有する屯田となり、さらに古い勢力が信仰の中心としていた三輪山の神も勢力下に入れたと考えるべきであろう。三輪山の山麓の各所に三輪山の神を祭る祭祀遺跡が残っているが、そこで目立つ遺物は河内の陶邑《すえむら》（現堺市）で作られた祭祀用の須恵器である。それは河内から移ってきた勢力が三輪山の祭祀をつかさどるようになったことを示している。

以上のように見てくると、私には和田氏の河内政権否定説は成り立たないと思われる。

スペースの関係で、以下は要点を述べるにとどめる。吉田晶氏は一九九八年に刊行した『倭政権の時代』（新日本新書）で、四世紀後半ごろから朝鮮問題やその他の原因から、「有力首長層が台頭して倭王と並ぶほどの勢力を持つものが生まれ」「四世紀末から五世紀初頭の高句麗との戦いの敗北によって」、倭王と有力首長との関係が動揺し、「その結果、（中略）王位継承をめぐる内乱を経て、記紀によれば応神を始祖とする新たな王系による倭王権が成立する」と論じた。考古学者とは違う史学者としての新しい解釈を示し、私見にもかなり歩みよっている。

しかし、その一方で吉田氏は近藤氏の説をあげて、古市・百舌鳥の古墳群の営まれている場所は「当時の農業技術では開発困難な未開の広野」であるとし、両古墳群がその地域の首長によって営まれたのではなく、「奈良盆地に本拠を置く倭王権」によって営まれたものとする。氏の説にも近藤説の影響が大きいと考えられる。

下って吉村武彦氏は二〇一〇年刊の『ヤマト王権』（岩波新書）で、「五世紀の河内地域には強大な在地勢力は存在しておらず、大和地域を基礎とする政治勢力が圧倒的に優位であった」とする熊谷公男氏の説（『大王から天皇へ』講談社学術文庫、二〇〇八年）を引き、古市古墳群・百舌鳥古墳群での王者の墓の築造も従来のヤマト王権の延長線上にあるとする近藤義郎氏の視点が妥当であろうと結んでいる。しかし近藤説について筆者の指摘した疑問点に関する説明はない。

吉村氏に限らず、ここにあげた諸氏が近藤説について筆者の指摘したような弱点や矛盾に全くふれず、賛同しているのには、一種の落胆を感じないわけにはいかない。

3

右に述べた諸氏とことなって、考古学専攻の白石太一郎氏は、古墳は本来的に被葬者の勢力の本拠地に造営するのが原則で、「大阪平野に王墓が現れることは、奈良盆地の勢力に変わって大阪平野の勢力がヤマトの王の地位についた結果と考えるのが自然であろう」とする（『古墳とヤマト政権』文春新書、一九九九年、一一九ページ）。しかし白石氏も、その変動はヤマト王権内部で、盟主権が大和から河内に移動したのであっていわゆる王朝の交替ではないとする（ここでいうヤマトは令制大和国成立以前のヤマトの地域をさすのだろう）。

しかし「盟主権の移動」というものは、白石氏のいうほど簡単に行なわれるものとは思われない。四世紀末までの大和と河内の地域を支配して大きな権力を誇っていた豪族集団のもとの首長は、盟主権の移動したあとはどうなるのか。指をくわえて新しい盟主の権勢を傍観しているのか、あるいは新しい盟主のもとに従属するのか、いずれにしても、いままでとはことなった性格の王権となると考えるのが自然であろう。筆者は、王権の性格の変化をともなわない盟主権の移動は考えられないのである。

江上波夫氏らの騎馬民族渡来説では、古墳の副葬品が四世紀代までは鏡が多く、祭祀的な色彩が強かったのに対し、五世紀では鉄製の武器・甲冑の類が増加し、馬具も加わり、軍事的武力的色彩が強くなると指摘し、騎馬民族による新政権が成立したとする。私は騎馬民族渡来説は採らないが、そういう説が出されるくらい、古墳の副葬品が河内の五世紀の古墳で変化すると言うことは見逃せない。

四世紀の大和では、墳丘全長二五〇メートルの大古墳、メスリ山古墳が鉄製武器の出土の多い古墳として知られるが、刀・剣あわせて一一口以上、槍先二一二口、鏃二三六点、実用性のない鉄弓と鉄矢五本などを蔵する程度であるのに対し、河内の五世紀の古墳では、それをはるかに越える多数の鉄製武器・甲冑を出土する古墳が少なくない。

百舌鳥古墳群では、全長一六八メートルの大塚山古墳は工事のため破壊されて十分な調査ができなかったが、副葬品のみをおさめる粘土槨四基から三〇〇点をはるかに超す鉄製武器が出土した。ミサンザイ古墳（現履中陵）の陪塚の七観古墳も破壊を受けていたが、人体埋葬のあとのない粘土槨から刀剣二〇〇口以上、甲冑一〇領以上、その他鉄鏃などとともに馬具も出土した。御廟山古墳（一八六メートル）の陪塚カトンボ山古墳も破壊されていたが、人体埋葬のあとはなく、鉄製の刀・剣・鏃などの武器多数が粘土槨から出土した。

古市古墳群では、誉田御廟山古墳（現応神陵）の陪塚アリ山古墳に三つの埋葬施設があり、そのうちの一つには人体埋葬のあとがあったが、三つとも刀・剣・鉾などの鉄製武器を含む豊富な副葬品があり、刀・剣だけで八五口、鏃などをあわせると鉄製武器は二〇〇〇口を越える。墓山古墳（二二五メートル）の陪塚西墓山古墳では、木櫃を主体とする東西二列の埋納施設があり、鉄剣だけで一一三口以上の多数の鉄製武器が出土した。同じ墓山古墳の陪塚野中古墳では、木箱に納めたと考えられる五列の遺物群があり、甲冑一一領をはじめ、六二八本の鏃を含む鉄製武器の他、三六キロの鉄鋌が出土した。鉄鋌は絃楽器を弾き鳴らすばち型の板状に作られた鉄素材で、朝鮮からの輸入品と思われる。

五世紀の大和でも、佐紀東部のウワナベ古墳の陪塚の大和六号墳からも八七二枚の鉄鋌が出土したが、いっしょに出土した武器類は鉄鏃九点に過ぎず、鎌・鍬・斧などの農工具が多い。

以上のように四世紀の大和の古墳と五世紀の河内の古墳とでは、副葬品に見る鉄製武器・甲冑の数量に非常に大きな差がある。鉄製武器だけを収納した施設が古墳の封土中に設けられているのも河内だけで、大和の古墳では被葬者の墓室の内外に並べる例が多く、鉄製遺物を別に副葬する例は少ない。同一政権内で盟主の墓を大和から河内に移したというだけではすまない大きな変化が起こっている。王権が交替したと考えるのが妥当であるのではないか。

私見に対する批判は以上に述べたほかに、先に述べたように平野邦雄氏の意見がある。「大和と河内はもともと一体の地である。内陸にある大和の政治権力は、門戸としての河内・摂津をおさえなければ成立するはずがない」（『大化前代政治過程の研究』吉川弘文館、一九八五年。初出は一九七五年）というのである。河内は大和の勢力におさえられ、大和の王権に従属した地であるから、大和の王権を越えるような勢力が生まれるはずがない、という考えであろう。これについては節を改めて説くことにする。

三　河内政権をささえたもの―瀬戸内海と大和川―

1

平野邦雄氏は、大和と河内は元々一体の地で、大王の宮も、応神のそれは大和の軽嶋明《かるしまのあきら》宮と河内の大隅宮の二か所あった、陵墓が河内にあったといって河内を政治的本拠と理解するわけにはいかないなど、多くの理由をあげて、最後に「これを突っ込んでいえば、古代における族長権の継承問題に帰着する」とし、「族長権は有力な同族間に継起的に受け継がれることが多く、（中略）父系・母系はもちろん、さらに重複した数腹を含む概念」であるとして、「我が古代には少なくとも父系―男系による、いわゆる〝万世一系〟の系譜は成立していないはずであり、〝万世一系〟を否定しようとする〝新王朝論〟は、「逆に〝万世一系〟の理論を前提としていて、承引できない」と結ぶ。私は我が古代の王位継承が族長権の相続であるという説には賛成だが、河内政権が新王朝であるという私見が「万世一系」の理論を前提としているという論理は理解できない。しかし、それを論じている余裕がない。本稿では河内政権と大和政権の関係に限って私見を述べる。

大和と河内は地続きで隣接しているが、あいだに高さ六四〇メートル―四八〇メートルの生駒山脈が横たわり、大和盆地は四方を山に囲まれた、いわゆる「山ごもれる」盆地であるのに対し、河内は西に大きく開いて海に面した平野である。河内は海を通じて発展し、政治的には大和に従属している時代でも、文化的には大和を凌駕している面があった。それを示すのが海人・海部の活動で、『記・紀』には四世紀末から五世紀前半にかけて海人・海部の動きが記されている。『記・紀』にみえる海人は海部とほぼ同意で、海を生活の舞台とし、多くは政権の首長に従属して漁業や航海を仕事とする人たちである。

『書紀』に海人が登場するのは仲哀二年六月条をはじめとし、以下神功皇后前紀に一回（庚辰年九月）、応神紀に三回（三年十一月・五年八月・二十二年三月）、仁徳紀に二回（即位前紀）、履中紀に二回（即位前紀・元年四月）、允恭紀に一回（十四年九月）の計十回みえ、うち八回が都を河内においた応神紀から允恭紀の間である。『古事記』では神代巻（上巻）の天孫降臨の段に一回、中巻の応神段に二回（うち一回は海部）、下巻の清寧段の一回の計四回である。『記・紀』併せて十四回のうち、『記』『紀』各二回の計四回を除く十回が、倭の王権が宮を大和から河内に移した応神―允恭の時期に見える。大王家の勢力の中心が河内にあったときに海人・海部が活動したことが、この数字からもうかがわれる。

次に『書紀』十回のうち仲哀紀を除き、参考のため神功紀も加え、それ以後の記事をあげると次のようである。

（1）神功前紀、庚辰年九月。新羅を攻めるとき吾瓮《あへ》海人烏麻呂と磯鹿《しか》海人名草に敵状を報告させた。

（2）応神三年十一月。処々の海人が理解できない言葉でさわぎ、命に従わないので、阿曇連の祖・大浜宿禰を遣わして、さわぎを静め、大浜を「海人の宰」とした。

（3）応神五年八月。諸国に令して「海人及び山守部」を定めた。

（4）応神二十二年三月。天皇は妃兄媛が吉備の父母に会うため、吉備に帰るに際し、「淡路の御原の海人八十人」を喚《め》して送らせた。

（5）仁徳前紀。応神崩じて仁徳未だ即位しないとき、太子（菟道稚郎子）は倭直の祖麻呂の弟吾子籠を韓国より呼びかえすために、「淡路の海人八十人」を差発し、水手とした。

（6）仁徳前紀。菟道稚郎子と大鷦鷯尊とが皇位を譲り合っているとき、海人が「苞苴《おおにえ》」（大贄）として鮮魚を献じようとし、菟道宮の菟道稚郎子と難波の大鷦鷯のあいだを行き来した。
（7）履中前紀。仁徳没して、太子の履中がまだ即位していないとき、太子の弟住吉仲皇子が謀反したため、太子は難波から竜田山を越えて大和へ逃れようとするが、「淡路の野嶋の海人数十人」が阿曇連浜子の指揮のもとに太子を捕らえようとして追跡する。太子はそれを察して伏兵をもうけ、海人を捕えた。
（8）履中元年四月。履中はさきに、まだ太子であったときに履中を捕らえようとした阿曇浜子を免《ゆる》して、墨（いれずみ）の罪に科し、浜子にしたがった野嶋の海人の罪を許した。
（9）允恭十四年九月。阿波国長邑の海人男狭磯《おさし》は、播磨の赤石の海の底から、真珠を蔵した大鰒《あわび》を得て、天皇に献ずるが、自分は息絶えて死んだ。

海人のことがみえるのは『書紀』では以上の九条と仲哀二年六月条の計十回である。

『古事記』では神代巻を除いて、前述のように三回、うち二回は応神条で、その一つは、「この御代に海部・山部・山守部・伊勢部を定め賜う」とある記事で、前記『書紀』の（3）と対応する。もう一つは海人が大贄を貢《たてまつ》ろうとして大雀命と和紀郎子の間を往復する話で、『書紀』の（6）の仁徳前紀の記事に対応する。『古事記』ではこの話の中に海人の語は三度みえるが、一回とする。

『古事記』のもう一回は、袁祁命《おけ》（顕宗天皇）の歌とされる「大魚《おお》よし　鮪《しび》突く海人よ（下略）」の歌にみえるが、『記・紀』に引かれる歌は作られた年代の不明なものが多く、これもその一つなので考察の対象から省く。そうすると、『古事記』にみえる「海人（海部）」で年代の推測をすることができるものは応神段の二回で、いずれも『書紀』に対応する記事である。そこで改めて『記・紀』にみえる「海人」の記事をみると、次の点が特色として浮かび上がる。項を改めて述べる。

2

第一に、さきにも記したことだが、海人の記事は応神から允恭まで、政権の首長が河内にいたと思われる時期に多い。河内政権は海人の力を利用して発展したと考えられる。

第二に、海人に冠せられる固有名詞の多くは地名であるが、(1)の吾瓮は『書紀』の仲哀八年正月条にみえる長門の国の島(阿閉島)の名。磯鹿《しか》は筑前国糟屋郡の地名。『和名抄』にみえる志珂郷にあたるのであろう。(4)の御原は淡路島中部の地名。(5)の淡路はむろん現在の淡路島のこと。(6)の野嶋は淡路島の北端の地名にちがいない。このうち(1)の吾瓮、磯鹿は神功が新羅を攻める話の中に出るだけで、常に神功ないし河内王権の支配下にあったのではあるまいが、(4)(5)(6)の淡路及び淡路の御原・野嶋や、(7)にみえる阿波国の海人は、常に河内の王権の支配に従属していたと考えてよかろう。河内政権の発展が瀬戸内海方面の海人の力を利用して行なわれたことが推定される。応神天皇の死後、海人が苞苴《おおにえ》(大贄)を菟道稚郎子と大鷦鷯《さざき》のどちらに貢るべきかに悩んだという(6)と『古事記』の応神段の同様の説話も、大王家と海人の結びつきの強いことを示している。なお「贄」は首長への隷属者の貢納品(主として食料品)をさすが、大贄は大王家への貢納品の意味となる。

第三に、(7)の阿曇連浜子が野嶋の海人数十人を率いて、即位前の太子履中を捕らえようとした履中前紀の伝承は、海人が漁業や航海だけに従事していたのではなく、陸上の戦いにも従ったことを示している。海戦にもむろん従事したのだろう。

第四に浮かんでくるのは、河内政権のもとで海人の統制が強化されることである。(2)の応神紀の三年十一月条には、処々の海人がさわいだので、阿曇連の祖大浜を遣わして騒ぎをしずめ、「海人の宰」とするとあり、(3)の応神紀五年八月の条では、諸国に令して「海人及び山守部を定」めたとあり、『古事記』では応神段に海部を山部・山守部とともに定めたとある。『記・紀』の年次をそのまま信ずることはできないが、河内政権が海人の統制を強化したことは確かだろう。海人の統制強化は四世紀末以降、河内政権の行なった政策と考えられる。

このようにみてくると、少なくとも海人の問題については大和と河内とは一体とはいえない。海人支配のこのような発展は、倭国の国政を河内の豪族集団が掌握したことを示すと思われる。

3

海人の力を利用して海へ向かって発展するのが河内の特色である。その特色が最も強く発揮されたのは、四世紀末から五世紀にかけての高句麗との戦いであろう。

倭国は百済と結んで高句麗と対立するのであるが、ことの起こりは四世紀の後半に、高句麗が本拠である鴨緑江北岸の集安にあった国内城から南下して百済を圧迫したことにある。百済は三六四年に倭国と通交することを求め、使者を派遣した。この使者は倭国までいたらず通交は成らなかったが、三六六年に倭国の使者が百済に至り、百済王は大いに喜び、翌年倭国に朝貢したと『書紀』神功皇后四十六、四十七年条にみえる。両条の年次をそのまま西暦に換算すると、二四六、二四七年に当たるが、神功・応神ごろは『書紀』の紀年は干支二運すなわち一二〇年繰り上げられていることが明治以後の研究の結果明らかにされているので、二四六、二四七年を一二〇年繰り下げると三六六、三六七年となる。これが百済と倭のあいだに国交の成立した年次と考えてよかろう。

百済は高句麗の南下を恐れて、倭に援助を求めたと思われる。この頃より百済と倭の関係は親密になる。

現在、大和の石上神宮は七支刀とよばれる七つの枝をもつ変わった形式の鉄刀を蔵しているが、その刀に刻まれた銘文には泰始四年（三六九）に倭王のために作るとあり、それより三年のちの三七二年にあたる『書紀』神功五十二年条には、百済が七子鏡その他の重宝とともに「七枝刀」を日本に献じたとあるのは、この「七支刀」のことと思われる。百済は倭の助けを借りて高句麗に対抗しようとし、倭もこれに応じたのである。

その後も高句麗と百済との抗争は続く。四一四年に広開土王（好太王）の功績をたたえて、広開土王の後継者の長寿王が建立した高さ六・四メートルの石碑には、広開土王が即位した三九一年から四〇七年までの一七年の間、倭が百済を助けて高句麗と戦った状況が刻まれている。それによると、三九一年に、海を渡って朝鮮南部に渡来した倭を、高句麗が撃破したこと、三九九年に倭人が大挙して百済に渡来したが、四〇〇年に広開土王は歩騎五万を率いて倭軍を撃退したこと、四〇四年にも倭人が大同江と漢江の間の帯方の地に侵入したのでこれに攻撃を加え、潰散させたこと、などが記されている。

高句麗王の功績をたたえるための碑文であるから、つねに高句麗側が大勝したと記しているのは当然だが、鋭利な武器を持ち、騎馬戦に習熟した高句麗が陸上の戦いに優勢であったことは事実に違いない。しかし四〇〇年、倭が百済を助けて新羅に侵入したとき、高句麗は歩騎五万をもって新羅を救い、「倭寇大いに潰ゆ」とある敗戦のあと、四〇四年に倭軍が朝鮮中部の帯方の地に侵入していることは、注目される。碑文には、

十四年（四〇四）甲辰、しかるに倭、不軌にして帯方界に侵入し、残兵（百済の兵）と和通し石城を□し、□船を連ね□□□。

とあり、このあとは広開土王みずから兵を率いて倭を討ち、倭は潰敗し惨殺されるもの無数であった、と記す。

しかし倭軍は四〇〇年の敗戦の四年後に、ソウルの北、平壌の南、漢江と大同江の間の帯方に攻め込んでいるのである。朝鮮南端から陸路をここまで進むのは困難で、碑文に「船を連ね」とあるように、おそらくは海人を主体とする水軍によって侵攻したのであろう。倭の水軍は、高句麗との戦いの当初は、倭軍の将兵や武器・食糧の輸送に従事するのを仕事としたと思われるが、戦いの続くうちに成長し、倭軍の重要な兵力となり、帯方の界に侵入するまでに強力となったのだろう。そういう倭の水軍の上に立って、これを統率・指揮するのは、海を知らない大和の部族の首長ではなく、河内の部族の首長であろう。

大和と河内の関係を、つねに大和を主、河内を従とするのは、あまりに大和中心の見方である。

4

倭の王権を構成する諸豪族のうち、四世紀末までは最も強力であった大和の諸豪族の盟主の力は、高句麗との交戦に敗れて勢力が低下したのに対し、河内の豪族の支配下にある海人を主体とする軍は、高句麗に対し最後の勝利を得るというところまでは行かなかったが、平壌近くの帯方に攻め入るなど、めざましく活動した。うち続く敗戦で倭王権の動揺するなか、倭政権を構成する豪族のうち、海人を率いる河内の豪族は勢力を高め、河内に新しい王権を樹立する機会をつかんだのではなかろうか。

河内の豪族のなかには、海人の支配者として勢力を持つ以外にも、他の方法で力を蓄えるものもあった。大阪府の柏原市国分市場にある松岳山古墳の被葬者をその例とすることができよう。この古墳は松岳山の山頂に位置し、全長一三〇メートル（古墳の範囲を大きく見て一五五メートルとする説もある）の前方後円墳で、後円部に組合式石棺を納めた竪穴式石室が設けられ、副葬品は盗掘によって散逸したが、硬玉製勾玉をはじめ各種の玉や石釧など多くの装身具、また多数の鉄刀・鉄剣の破片などを出土した。大和川は松岳山のすぐ北を流れており、松岳山古墳の主が海人と関係が深かったことは十分に考えられる。海人は海を仕事場にするが、四、五世紀には難波の入江あるいは難波湖から大和川をさかのぼって、松岳山近くまで往来する海人は多かったと思われる。

時代は下るが、舒明十三年（六四一）に死亡した船首王後の墓誌が同じ松岳山から出土したことは、この推測を保証する。墓誌によれば、王後は敏達朝に生まれ、舒明天皇に仕え、辛丑（舒明十三年）に死去、戊辰年（天智七年・六六八年）に松岳山に改葬されたとある。『書紀』によると、欽明十四年（五五三）に百済からの渡来人王辰爾が「船の賦《みつぎ》を数え録し」た功により、「船の長」となり、船史の姓を賜った、という。船首王後はおそらくその一族の子孫であろう。その祖の船史が船の賦を録したというのは、船から交通税・関税に相当するものを徴収したことであろうが、大和川は松岳山の麓の少し上流に、河内と大和の境の亀の瀬の急流があり、大和川をさかのぼってきた船は、そこを漕ぎ上ることはできない。乗客は少し下流の大和川と支流の石川の合流点あたりで下船して、徒歩または馬で大和に入る。船の荷物も人の背か馬で運ばれる。その際に賦を録するのであろう。

松岳山古墳の主が活動したのは四世紀後半で、六世紀中ごろに渡来した船史の祖王辰爾より二世紀ほど前のことだが、そうした業務を行なうことのできる要地を占拠して勢力を築いたのであろう。

河内の豪族は、海人の力により、あるいは交通上の要地を占拠することにより、大和では考えられない独特の手段で強大となった。平野氏は「内陸にある大和の政治権力は、門戸としての河内・摂津をおさえなければ成立しない」（第二節3）というが、河内はまさに大和の力では抑えられない勢力をもってきたのである。五世紀前半の河内の豪族が大和の豪族を越える武力を有していたことは、第二節3の六〇ページ以下に述べた古墳の副葬品に鉄製武器の多いことで明らかである。

四　河内政権の大王は何人いたか―帝紀の誤りを正す―

1

河内政権論に対する批判の一つに、河内に都をおいた天皇は、応神を入れても、応神・仁徳・反正の三人ではないか、反正のつぎの允恭のとき、都は大和の遠飛鳥宮に遷り（『古事記』）、以後は継体が北河内の樟葉で即位するまで大和である、河内政権が大和の大王から大王権を奪うような強力な政権とも思えない、という批判である。こういう考えの人は少なくあるまい。私もかつてはそれが河内政権論の弱点の一つだと思っていた。

『記・紀』をみれば確かにその通りで、『古事記』によれば応神の宮は大和の「軽島の明宮《あきらのみや》」で、難波の大隅宮にいたこともあるが（『書紀』）、明宮で没する（『書紀』）。ただし『書紀』の一書には「大隅宮に崩ず」とある。つぎの仁徳は難波の高津宮を皇居とし、そのつぎの履中は太子のとき難波にいるが、弟の住吉中津皇子の反乱が起こると難波から大和にのがれ、宮を磐余の稚桜におく。つぎの反正は河内の丹比柴籬宮に居るが、そのつぎの允恭は前述のように遠飛鳥に宮をおくという経過である（『書紀』には允恭の宮の記載はない）、たしかに河内に宮をおいた大王は少ない。允恭を入れれば四人であるが、允恭が河内にいたときの宮の名は伝わっていないから、允恭の河内にいた期間はそんなに長くなかったのであろう。河内にいた大王は実質三人ということになる。また応神は、仁徳王朝を引き継いだ継体王朝が、仁徳と同格の王朝であることを誇示するために、仁徳の先代として応神を創出し、これを仁徳王朝の祖としたとする吉井巌氏の説（「応神天皇の周辺」〈『天皇の系譜と神話』塙書房、一九六七年〉所収）や、応神と仁徳はもと一体であったのが、後に二人に別れたとする私見（「応神天皇の実在性をめぐって」前出の拙著『古代河内政権の研究』所収）などでは、一人減って河内にいた大王は二人か三人となる。

だがこんなことも考えられる。河内に存する古市古墳群と百舌鳥古墳群には本稿（第二章）の「はじめに」に記したように、天皇陵にふさわしい巨大古墳が五基存する。この五基の巨大古墳の造られた年代は、河内政権の大王の宮が存した四世紀末から五世紀中葉である。天皇陵にふさわしい古墳が少なくとも五基あるのに、対応する大王が二人ないし三人というのは不釣り合いではないか。

そんなことを考えると、白石太一郎氏の論文の左の説が思い出される。

四世紀末葉から五世紀中葉ごろにかけての巨大古墳の編年研究の成果によると、大阪平野に営まれたこの時期の倭国王墓と推定される超巨大前方後円墳の構築順序は、古市古墳群の仲ツ山古墳→百舌鳥古墳群の上石津ミサンザイ古墳→古市の誉田御廟山古墳→百舌鳥の大仙陵古墳の順に営まれたことはほぼ誤りない。すなわちこの時期には大王墓は古市→百舌鳥→古市→百舌鳥というように両古墳群の間で交替に営まれたものと考えられるのである。大仙陵古墳以降には古市古墳群の巨大古墳がやや小型化し、大王墓か否かの判断が難しくなって、確実なことはいえなくなるが、少なくとも仲ツ山古墳から大仙陵古墳までの大王墓の想定とその構築順序についての判断は、多くの研究者の間でも一致している（白石太一郎『考古学からみた倭国』一七二ページ〈青木書店、二〇〇九年〉）。

白石氏の推定する大王墓の構築順序は、仲ツ山古墳（二八六メートル、古市）→上石津ミサンザイ古墳（三六九、百舌鳥）→誉田御廟山古墳（四二〇、古市）→大仙陵古墳（四八六、百舌鳥）である。

このことについて広瀬和雄氏も前掲書（第二節に引用『古墳時代政治構造の研究』）で、「古市古墳群と百舌鳥古墳群を形成した二有力首長が輪番で大王を輩出していた」といい、早く一九八一年に刊行された原島礼二・石部正志他二氏の共著『巨大古墳と倭五王』（青木書店）のなかでも、輪番とまではいわないが、古市・百舌鳥の二大古墳群は「所在地を異にする一応別の古墳群」であるから、「両古墳群の出自系譜も、元来、別系統でなかったか」と論じている。

河内政権が応神から始まったとすると、『記・紀』によれば応神の子が仁徳、その子が履中と反正であるが、履中は住吉仲皇子の反乱のため、大和に逃亡したと考えられるから、大王は応神・仁徳・反正へと一すじの直系相続である。二つの家系からでたのではなく、まして輪番に大王を出したとは考えられない。大王の数だけでなく、『記・紀』の所伝と古墳の示すところとは、大きく違っている。念のために大王墓の候補の古墳をあげると、右掲の白石氏の文にみえる四古墳と、百舌鳥にある二八八メートルの土師ニサンザイ古墳とである。

大王の数の違いについては、巨大古墳の被葬者のなかには大王になる資格を持っていたが、何らかの事情で大王になれなかったものがあったからだろうとする解釈もあると思われるが、河内政権の続いた年数を考えると、『記・紀』による二人ないし三人というのは少ないと思われる。改めて河内政権の存続の期間を考えておく。

まず応神の即位の年についての『書紀』の伝えをみると、応神元年は西暦二七〇年であるが、第三節3に述べたように、『書紀』の紀年は一二〇年繰り上げられているので、一二〇年繰り下げると三九〇年となる。『書紀』応神三年条に「百済記に云う、阿花王立つ」とあり、『三国史記』によると、阿花王と同一の人物であると考えられる阿華王の即位は三九二年で、『書紀』応神紀を一二〇年くり下げると合致する。

河内政権が三九〇年頃に成立し、初代の王が現れていたことは認めてよいのではなかろうか。

河内政権の最後の大王を反正とすると、反正にあたると考えられる倭王珍の在位年が問題となる。倭王珍の宋への朝貢は元嘉十五年（四三八）、没年は不明だが、次代の王の済が元嘉二十年（四四三）に宋へ朝貢しているから、四四一年頃まで在位していたかと思われる。そうすると河内政権の最初の年は三九〇年、最後の年は四四一年となる。この間、五一～五二年である。

五〇年の間に三人の王（応神・讃・珍）は少ないと断定するわけにはいかないが、古代の国王の在位年数は白石氏も注意を払い、『書紀』の王統譜の信頼性が増す継体から元明までの約二〇〇年間の天皇は一八代で、平均在位は一一・一年であるとする（白石『考古学からみた倭国』一五二ページ）。『書紀』によると継体の即位は五〇七年、元明の末年は七一五年でその間天皇の一代平均一一・一年、ただし弘文天皇の在位を認めず、一七代とすると、平均一二・二年となる。新羅の場合をみると、六六一年の即位の第三〇代の文武王から第五六代敬順王の末年九三五年まで二七代で二七五年を経過しているので、一代平均一〇・二年弱である。古代における国王の在位年数は平均一〇年乃至一二年ぐらいとみてよかろう。

これからすると、約五〇年存続した河内政権の大王が三人というのは少ない。四人乃至五人というのが妥当であろう。

この考えに対し、『宋書』倭国伝にみえる倭王は、五人のうち五世紀前半にみえるのは讃と珍の二人だけではないか、その他に倭王がいたとは思われない、という反論が出るかもしれない。しかし南朝の宋の建国は四二〇年であるから、それ以前のことは当然『宋書』に記録されない。またそれ以後でも『宋書』に記される倭王は宋に上表・朝貢した王だけであるから、存在しても宋に遣使しなかったために『宋書』に記録されなかった倭王がいるかもしれない。現実にはそうした倭王はいなかったかもしれないが、河内政権の成立する三九〇年から讃が遣使する四二一年までの三四年間に、応神と讃・珍以外にも河内の大古墳に葬られている倭王が一人または二人いた可能性は大きいと思われる。

この推定が認められるならば、三九〇年以後の五〇年間の倭の大王を応神（品陀和気）、仁徳（大雀）・反正（水歯別）の三人とした『記・紀』の記述（ただし括弧内は『古事記』の表記）―正確に言えば、『記・紀』の天皇系譜のもととなった「帝紀」―に疑問が持たれるのである。

『記・紀』の記述に関する疑問は大王の人数だけでなく、大王の系譜―親族関係―についてもある。『記・紀』では応神―仁徳（讃）―反正（珍）と三代の大王が親子直系で王位についているが、さきに記したように白石氏によれば、古墳の示すところでは四世紀末から五世紀中頃にかけては、古市古墳群と百舌鳥古墳群の間で、交替に大王墓が造営されたと考えられるから、親子の直系の間で大王位が相続されたとは思われない。考古学界では白石氏のこの考え方が有力であるようである。そうするとこの場合も、天皇位は親子で相続するのが基本となった六世紀以降に書かれた「帝紀」が誤っており、この誤りが『記・紀』の記述に受けつがれたと考えられる。

この問題も重要であるが、紙数の関係で問題の指摘にとどめ、話を先に進める。

2

『記・紀』にみえる天皇の人数に疑問が持たれるのは河内政権の時代だけではない。大和で典型的な前方後円墳である箸中古墳（箸墓古墳ともいう）が造られるのは、二五〇～二七〇年頃とする考えが有力であると思うが、そのあと三世紀末から四世紀末までの古墳時代前期にあたる一〇〇年あまりのあいだに、大和盆地東部の主として山麓乃至丘陵地帯に天皇陵にふさわしい全長二〇〇メートルを越す大古墳が箸中古墳の他に九基築造された。うち五基は四世紀中頃までの造営で、東部山麓地帯の北から南にかけて存する大和古墳群・柳本古墳群・鳥見山古墳群に分布する西殿塚古墳（二三四）・行燈山古墳（二四二）・渋谷向山古墳（三一〇）・外山茶臼山古墳（二〇八）・メスリ山古墳（二五〇）がそれである（北から順に記す）。古墳群にはこの他箸中古墳群があるが、この古墳群には箸中古墳以外に二〇〇メートルを越える古墳はない。これに続く四世紀後半に造られた大古墳は、盆地東北部の丘陵地帯の佐紀の西部に造られるようになり、墳丘全長二〇〇メートルを越える古墳には、五社神古墳（二七六）・宝来山古墳（二二七）・佐紀石塚古墳（二二〇）・佐紀陵山古墳（二一〇）の四基が存在する。盆地東部の山麓地帯の五基と合せると、大王墓と考えてよい古墳は九基に達する。

この九基の古墳が造られたのは、古墳時代前期のことであるが、箸中古墳が造営されてしばらく経ってからより後のことであるから、その年代は三世紀後半から四世紀後半まで、およそ一〇〇年あまりと考えられる。

それに対し、この期間に確実に存在したと思われる大王（天皇）は、崇神・垂仁の二人にすぎなかったが、現在『記・紀』に載せるこの期間の天皇は、崇神・垂仁を含めて一四人にのぼる。それは本編「序論」に述べたように、おそらく六世紀以降に、(1)神武、(2)景行・成務・仲哀、(3)綏靖・安寧・懿徳・孝昭・孝安・孝霊・孝元・開化、の順に、逐次造作・増補された結果である。実在した天皇の数と、文献によって実在したことの推定できる天皇の数と、文献に存在したと伝えられる天皇の数とは、このように一致しないことが多い。文字の知識がなく、同時期の史料のない時代では止むをえないことである。

換言すると、確実な文献のない時代については、文献より考古学の明らかにする遺跡・遺物の示すところが頼りになる。

前項で問題にした河内に倭王（天皇）が都をおいた五世紀前半の時代は、倭人がはじめて文字を使いはじめた時期である。百済が三六九年（東晋・泰和四）に作った七支刀を三七二年に倭王に贈っているから、文字を解することのできる人が四世紀後半に倭国にいたと思われるし、五世紀前半にはたびたび中国南朝の宋に遣使貢納しているから、文字を知る人が増加したことが知られるが、倭人の自ら書いた文字で残存しているものは、五世紀中ごろの千葉県稲荷台一号墳出土の鉄剣銘が一点あるだけで、年代に関する文字のある金石文は、五世紀後半になってはじめて現われる（埼玉県稲荷山古墳鉄剣銘、熊本県江田船山古墳大刀銘）。

五世紀中葉までは、文字を扱うのは多くは朝鮮からの渡来系の人びとで、本来の倭人の間に普及するのはおくれていたと思われる。

以上に述べたことからすると、五世紀前半においても、文献の語るところより、遺跡から考古学の推定することの方が事実に近いと考えられる。筆者は考古学的研究にもとづいて、応神から允恭にいたるまで約五〇年間存続した河内政権は、三人の大王が治めた不安定な政権ではなく、五〇年間に少なくとも四人、あるいは五人の、死後は巨大古墳に葬られた大王が引き続いて支配した強力な政権であると考える。そのような政権であったから、五世紀後半に都が大和に移ってからも、出身地の河内に王墓が造り続けられたのであろう。

五　古代国家形成史上の河内政権―巨大古墳から府官制へ―

1

死後は巨大な古墳に葬られることになる大王があいついで立った河内政権は、五世紀なかごろ倭の五王の三代目の済のとき、本拠を大和に移す。そうした変動の起こった原因は、拙稿「『記紀』伝承にみえる歴史の裂け目と河内政権」（拙著『古代河内政権の研究』所収）に記したように、大王家内部の事情と政治状況の変化の双方によると思われる。それを簡略に述べると次の通りである。

（1）『記・紀』によれば、『宋書』にみえる五王の二代目の珍に当たる反正と三代目の済に当たる允恭とは兄弟とする。しかし、『宋書』では、讃と珍は兄弟、済と興とは父子とするが、珍と済との血縁関係は記していない所から、二人は血縁上の近いつながりはなかったと考え、二人を兄弟とする『記・紀』の所伝は、後代の作為とする説が有力である、

（2）和風諡号を見ると、珍に当たる反正はタジヒノミズハワケ（多遅比瑞歯別）、済に当たる允恭はヲアサツマワクゴノスクネ（雄朝津間稚子宿禰）で、兄弟にしては諡号の付け方が全然違う上に、諡号にふくまれる地名が珍の諡号タジヒ（丹比）という河内の地名であるのに、済の諡号にみえるアサツマ（朝津間）は大和の地名（奈良県御所市朝妻）で、この点からも珍と済とが兄弟関係にあったとは考えにくい。

（3）『書紀』によれば、允恭即位に際して群臣が皇位のしるしである璽符（のちには剣・鏡となる）を天皇に奉った。この璽符の貢献が以後天皇即位の儀式の一つとなるが、允恭より以前にはなかったことで、天皇の地位の変化したことがうかがわれる。

（4）血縁のつながりを持つ親族集団を、氏《うじ》と称する制度は、允恭朝にはじまるとする説がある。詳しくは黛弘道氏の論文「允恭朝に関する考察」（『学習院大学文学部研究年報』四四輯、一九九七年）に依られたい。前掲拙稿「『記紀』伝承にみえる歴史の裂け目と河内政権」にも黛氏の研究を略述した。なおこれについては、允恭朝に味橿丘《あまかし》に探湯瓮《くがべ》をすえ、盟神探湯を行なって氏姓の誤りを正したとする伝えが『記・紀』にみえることも参考となる、ただし史実として氏姓制度が允恭朝に始まるとまではいえないだろう。しかし

とを示唆する。

『記・紀』の編者がそのような考えを抱いていたと思われることは、允恭朝から新しい政治がはじまるこ

(5) 允恭の即位が難航したことも、反正没後の政情が尋常でなかったことを思わせる。このころの『書紀』の記す年代をそのまま事実とすることはできないが、允恭は病身を理由に皇位を辞退し、即位が難航したことは『記・紀』に共通する。『書紀』によれば、允恭の即位は反正の没の二年後で、允恭が反正を百舌鳥耳原陵に葬ったのは即位の五年目である、これも正確な年数でないであろうが、先帝の陵の造営がこのように延引するのは異例である。

このような状況の変化を考えると、大王家は内部的な事情の他に、大王家をめぐる政情の変化に対応するために、反正の属する系統とは別の系統から大王を立て、本拠地も河内から大和へ移し、大和に宮を設けたのであろう。

河内から大和へ本拠地を移した事情について、以前には右のように述べたのであるが、本稿で述べたところの大王墓と考えられる大古墳の状態をみると、時代の変化はもっと深刻であったと思われる。大王の権勢の強さを示す大古墳の規模が、古市古墳群でも百舌鳥古墳群でも五世紀の中葉ごろの築造と推定される誉田御廟山古墳と大仙陵古墳を最大として、以後は縮小する。古市古墳群では誉田御廟山古墳以後に墳丘二三八メートルの岡ミサンザイ古墳、二二七メートルの市の山古墳が造られるが、誉田御廟山古墳に比べると格段に小さく、その他は二〇〇メートル以下の古墳ばかりである。百舌鳥古墳群では大仙陵古墳以後は二〇〇メートルを越える古墳は二八八メートルの土師ニサンザイ古墳一基のみで、古墳の凋落は古市古墳群よりはなはだしい。

五世紀中ごろはほぼ古墳時代の中期中ごろに当たるが、その頃を境として、それまでは大王の権勢の強大を示

すシンボルとして仰がれていた古墳が小さくなるのである。古墳の大きさが権力のシンボルでなくなる。

古墳時代前期の初頭でも墳丘長二八〇メートルの箸中古墳が造られるが、やがてそれを上まわる三一〇メートルの渋谷向山古墳が造られ、中期に入ると三〇〇メートルを越える上石津ミサンザイ古墳が造られ、さらにそれを越える誉田御廟山古墳・大仙陵古墳が造営されたことは、繰り返し述べた。中期中葉をすぎるころ、にわかにその流れがとまり、古墳は逆に縮小する。政治のあり方が変わったためとしか考えられない。何が古墳の大きさに代わって権力のシンボルとなったのだろうか。古墳の主体部が従来の竪穴式石室から横穴式石室に替わったことによるという説があるかもしれないが、畿内の地域で横穴式石室が一般化するのは五世紀末であるから、五世紀後半から墳丘が小さくなることの理由にはならないであろう。

2

新しい権力・権威のシンボルとなるのは、五世紀前半ごろから整い始めた官司・官職の制ではなかろうか。そして五世紀のなかごろには、その制度の頂点に立つものが最高の権力者＝大王であるという認識が一般化したと思われる。そうして官司・官職の制は、百済や中国の制に見習うところが大きかったのであろうから、倭国内だけに通用するのではなく、国際的にも認められるようになったのであろう。そうなってくると、国際的には権力の指標にならない古墳の大きさは問題にならなくなる。『宋書』倭国伝に依れば、四二一年（永初二）倭王讃は宋に遣使貢納して「除授を賜る」とあり、おそらく「安東将軍」に除せられたのであろう。四三八年（元嘉十五）倭王珍が遣使朝貢して、「安東将軍」に除せられ、珍の一族かと思われる倭隋ら十三人が平西・征虜など将軍に除せられた。将軍に任ぜられると、将軍府を置き、府官の官人を任用することが認められる。いわゆる府官制が成立する。中国の勢力下にある東アジアの世界に通用する官司・官職である。四四三年（元嘉二十）には倭王済が遣使朝貢して、「安東将軍」に除せられ、済はさらに四五一年に「使持節都督倭・新羅・任那・加羅・秦韓・慕韓六国諸軍事安東大将軍」に進められ、済の求めに応じて宋は倭の二十三人に軍・郡の官職（将軍と郡大守）を授けた。官職位階を授けることを叙すというが、除すとも書く。叙と除は通用する。

この経過をみると、讃の官職は明確ではないが、珍は安東将軍に除せられ、珍に従う十三人にも将軍号が与えられ、済は安東大将軍に進められ、従う二十三人に将軍と郡太守の地位が認可された。宋は倭の国力が高まり、国内の秩序も整ってきたことを認めたのであろう。倭国の王は自分の地位を保つのに、もはや古墳の立派さに頼る必要はなくなった。宋への朝貢のための費用は大きくなったであろうが、民衆から収奪する租税・力役を巨大古墳造営のために消費せずに、国力の増強や官制の整備、さらには国土拡張のための武力の強化にふりむけることができるようになった。

なぜ大王の宮すなわち本拠の地を河内から大和に移したかが問題となるが、第一に政策を転換したために気分を一新する必要があったからだろう。換言すると、新しい政策をとるためには従来の古墳を重視する政策に執着する人々や空気の残る河内を離れることが必要であった。

第二に、東国方面に国力を伸ばすのは、河内より大和の方が有利だからであろう。河内政権の時代には、河内が瀬戸内海に面することを利用して、西国方面に勢力を伸ばしたと思われる。四三八年に珍が宋朝に申請して認められた官職の中に平西将軍があるが、平東将軍はみえない。平西将軍は河内から見て西方の地域を支配することを任とする将軍であろう。倭王権としては、つぎには東方地域の支配を強化したいと考えたと思われる。

第三に政権の本拠である都の安全を考えると、河内より大和が都の地に適していることである。海に面する河内は海外発展には有利であるが、万一海外からの侵略のあった場合の危険性は大きい。難波はもちろん丹比でもせいぜい海から一一～一二キロである。朝鮮三国や中国の都の様子がわかってくると、その危険に気づいたのではなかろうか。のち、大化の改新の時も、都を難波に移し、壮大な難波宮を作りながら、一〇年目には大和に帰ったのは、海に近い都の危険性を恐れたことが理由の一つではないだろうか。

理由はいずれにせよ、倭王済の時には河内政権は本拠を大和にうつし、大和盆地東南部に残っていたかつての大和政権の残存勢力を併合し（第二節2参照）、新しい倭政権の勢力を高めた。これが『宋書』にみえるように、済の地位を高め、安東将軍から安東大将軍へ進むことのできた理由の一つかもしれない。それとともに倭政権の勢力を高めたものとして五世紀の中葉前後に文字の知識と年代を知ることのできる干支の知識が、倭国の知識層の間にひろがったことも忘れてはなるまい。この問題についてはもう少し説明が必要だが予定以上の長文になり、その余裕がない。筆者の不手際を陳謝する。なお本節を草するについては、坂元義種氏『倭の五王』（教育社、一九八一年）と鈴木靖民氏「倭国と東アジア」（鈴木靖民編『倭国と東アジア』吉川弘文館、二〇〇二年）に依るところが少なくない。上文中に記す機会がなかったので、ここで謝意を表する。

最後に、五世紀の河内政権はのちの律令制へつながる官司制への入り口を切り開いた点で、日本古代史上極めて重要な位置を占めることを強調して、蕪稿を閉じることとする。

〔追記〕

筆者は、本編第二章四五ページ以下や第三章九三ページ以下で「八十島祭」と呼ばれる祭祀について、その祭の起源が、奈良時代あるいはそれ以前にのぼるという考えにもとづいて述べた。しかし「八十島祭」の名称は、

第三章九四ページに記したように、史料に初見するのは八五〇年のことである。そのため、八十島祭は奈良時代やそれ以前にはなかったとする説もある。それに対する反論は、べつの機会に述べることとしたい。

第三章　山根徳太郎の難波宮研究

はじめに

本章では「山根徳太郎の難波宮研究」というテーマで所見を述べるが、山根徳太郎（以下、山根と呼ぶ）にとって、難波宮研究は文字通りライフワークである。彼の努力によって、七、八世紀にわたり、上・下二層から成る宮跡が明らかにされたが、それについては難波宮跡発掘の六〇周年記念として編集された論集『難波宮と都城制』（吉川弘文館、二〇一四年刊）の第二部に詳しく論述されるので、本稿では第一節で山根が難波宮に関心を持つに至った経過と発掘の苦労を述べ、第二節で応神天皇が四世紀後半に難波へ都を建設した意義を述べ、その研究を高く評価し、山根がそこに成立した政権を難波王朝と呼んだことにふれ、第三節で難波宮と関係の深い八十島祭について述べ、第四節で山根の難波王朝論に対する筆者の感想と批判を記すこととする。

一　難波宮跡調査の苦心―大極殿の発見まで―

山根は、一八八九年（明治二十二）一月に、現在の大阪市西区南堀江通に生まれ育った。『日本書紀』などの古典には、六世紀の欽明天皇や敏達天皇の時代に疫病が流行したとき、古代の神々を尊重する立場の人びとは、そのころ日本に渡来した仏教の祟りであるとして仏像を難波の堀江に投げすてたとある。小学生のとき、山根はこの話を知って、自分の住む土地と同じ地名が古代の歴史に関係するらしいことを知り、堀江のことをもっと知りたいと思った。

中学生になって、古代史にみえる堀江は南堀江ではないこと、仏像の捨てられた堀江の場所は不明であることを教えられたが、難波の堀江への興味はかえって高まり、「できたばかりの中の島の府立図書館にかよいはじめ、手に合う書物を借り出して読みあさ」ったと、自著の『難波王朝』（学生社、一九六九年）に記している。

中学卒業後、山根は東京の高等師範学校（東京教育大学の前身）に入学、教員の資格を得て、神戸の市立女学校に就職し、ついで一時休職して東京高師の研究科で学んだのち、一九一八年（大正七）大阪市民博物館の書記となり、歴史部を担当して、大阪城（古くは大坂城と書いたが、大阪城に統一する）の南の法円坂町に存した陸軍第八連隊の敷地内から古瓦が出土したことを知った。彼は第四師団（第八連隊はその管下）の建築技師置塩章《おしおあきら》を訪ねて、出土した瓦を見せてもらった。その瓦には、大阪城築城当時のものと思われる安土桃山時代の瓦もあったが、とくに山根の関心を惹いたものは、奈良時代の瓦と思われる蓮華文をもつ軒丸瓦と重圏文の軒丸瓦であった。

聞けば、法円坂町の八連隊の倉庫（法円坂町の被服厰の倉庫ともいう）を建設中の出土という。幼・少年時代に聞いた難波の堀江以上に、山根はその瓦に心を惹かれた。彼は八連隊の敷地を発掘して、奈良時代の宮殿の跡を明らかにしたいと思ったが、もとより軍隊の用地を発掘することは、当時はまったく思いもよらないことであった。

しかし、それから約三〇年後、一九四五年（昭和二十）、アジア・太平洋戦争が日本の敗北で終り、さしも強固にみえた陸軍は解体して、陸軍に属した土地は国有地となり、戦後まもなく市営住宅や日本赤十字の施設が建設されるなどのことが行なわれ、手続きさえ踏めば、遺跡を調査する道はひらけることとなった。

この三〇年のあいだに山根の地位もかわった。山根は、市民博物館に数年勤めたのち、中学校に勤務したが、妻きよ（旧姓澤）の協力もあって京都大学文学部に入学し、国史科を専攻して卒業、一九二七年（昭和二）に大阪市立商科大学予科の教授となり、戦後大阪商大が改組されたため、大阪市立大学法文学部（のち文学部）の教授となった。宿望を果たす機会が山根にもめぐって来たのである。

一方、文部省は学術振興のため、すぐれた研究者個人や研究者の組織に研究の計画書を提出させ、審査の上、優秀なものには科学研究費を支給する制度を作った。難波宮の研究のためには発掘調査が必要だが、それは多額の費用がかかる。戦後はインフレーションの急激な進行のため、大学の教員も生活が苦しく、難波宮跡の発掘とその研究のためには、この科学研究費を得ることがぜひとも必要であった。山根は法文学部を中心に、理工学部にも手を伸ばし、難波宮の研究に関係ある教員を説いて、研究組織を作った。

この当時は、置塩の発見した古瓦以外は法円坂町から出土する瓦は多くはなく、難波宮跡の確かな所在地はまったく不明であった。上町台地上にあるかどうかも疑われ、上町台地のふもとの平地上にあるが、淀川のたびたびの氾濫で土砂に埋もれているとする説や、上町台地上にあっても大阪城の造営で破壊され、あるいは大阪城の下になって、調査は不可能とする意見もあった。しかし山根は、置塩の発見した唐草文瓦・重圏文瓦を手がかりに、旧八連隊の敷地、すなわち法円坂町に難波宮跡が存在したと固く信じていた。

だが、学界でまだ公認されていない「難波宮」の調査では、科学研究費の申請は通りにくい。申請では「大坂城址の研究」という名称で一九五〇年（昭和二十五）に申請した。申請者には学界に名のある教授・助教授の名がならぶが、考古学的発掘の経験者がほとんどいなかったことが致命的であったと思う。しかしそれは当然でもあった。当時は考古学が未発達で、考古学の専攻コースを持つ大学は、関西では京都大学以外にはほとんどなかった。山根が苦心して作った研究組織のメンバーでも、発掘の経験があるのはまだ大阪市立大学の学生であった藤原光輝一人である。山根自身も京都大学で浜田耕作教授の講義を熱心に聴講したが、発掘の経験はなかった。この申請が認められなかったのは、むしろ当然であった。

翌一九五一年（昭和二十六）、すこし形をかえてふたたび申請した。かわったおもな点は、関西大学の考古学科教授で大阪市立大学の非常勤講師を兼ねる末永雅雄をメンバーに加えたことである。二回目の申請は採用されたが、それはこのためだろうと私には思われる。

その採用の通知が来たのは、一九五二年（昭和二十七）五月であった。一八八九年（明治二十二）一月生まれの山根は、一九五二年三月に満六三歳を越えて、大阪市立大学を定年で退職した。もし二回目の申請も採用されていなかったら、山根が市大から三回目の申請を出すことはできなかったであろう。あやういタイミングであった。

このころ敗戦後数年を経て、経済界も徐々に復興し、都市の再開発が始まって、各所にビルディングや道路が建設された。難波宮の調査がもう数年おくれたら、難波宮の大極殿のあった所も政府の合同庁舎の建設用地となり、調査以前に遺跡はブルドーザーで掘り崩され、掻きまわされる危険性はきわめて大きかった。
一九五二年に科研費を受けることになった山根中心の研究・調査グループの活動はそれと競争するように始まったわけである。法円坂町の広い旧八連隊の敷地でも、市営・府営の住宅や、その他公営の各種建物の建設が始まり、その基礎工事から古瓦が出土する例がふえた。しかし、どこから発掘を始めるかは決めにくかった。かつて蓮華文・重圏文瓦を出土した倉庫の跡も注目されるが、その種の瓦はそれ以外の各所からも出土する。山根は決定的な手がかりを求めて、ほとんど連日、弁当と水筒を肩にして、敷地内をみまわった。

そのうち、その努力のみのる日が来た。一九五三年（昭和二十八）十一月三日、大きな宮殿か仏殿でなければ用いない大型の鴟尾《しび》（大棟の両端にとりつける装飾の瓦。鯱《しゃち》の前身）が出土した。これだけ堂々たる鴟尾をのせた建物はさぞ壮大なものと思われるが、それが明治天皇の誕生日の十一月三日に出土したことも、明治生まれの山根を感動させた。彼は鴟尾の出土地を参考にして発掘開始の場所を決定し、翌五四年（昭和二十九）二月二十日に鍬を入れた。

発掘・研究のメンバーも次第に増強され、指導者には古代建築の第一人者の浅野清（当時大阪市立大学工学部教授）が加わり、実地の調査には東京大学の建築学科で太田博太郎教授の指導を受けた沢村仁《まさし》が専従として来任した。発掘の成果は次第にあがり、法円坂町の合同庁舎建設計画が公けになった一九六二年より一年前の六一年（昭和三十六）二月には、奈良時代難波宮の中心である大極殿の遺跡の存在が明らかになり、孝徳朝の前期難波宮の大極殿も、それと重なって存することが判明した。

その結果、難波宮を守れ、保存せよという要望が学界からだけではなく、教育界や政界からも起り、これら各方面の要望におされて政府も法円坂町への合同庁舎建設を変更して、大阪市の提供する代替地に移すことにし、宮跡は保存された。一九六三年（昭和三十八）には宮跡の史跡指定が内定し、破壊の危機は去った。こうして山根は少年の時からの難波に寄せる思いを養い育て、難波宮の発見と保存という大事業をなしとげたが、その仕事のほとんどは、彼が大学を定年で退職してからのことである。

一九六三年、難波宮の研究・調査の功によって、山根は紫綬褒賞を授与され、大阪市立大学の歴史学教室でもその祝賀会を市大の学外の人々にもよびかけて催したが、その会に出席した山根の京都大学時代の友人で京大の名誉教授柴田実は、山根の難波宮の発掘が定年後であることを指摘し、一般に多くの人が老後の安楽な生活を送っている定年後に、このような大きな仕事をしたかげには、「戦争のために若くしてなくなった令息明さんに代わって仕事をしたいという思いがあったのではなかろうか」と話された。山根は「御推察のとおりでございます」と口かず少なく答え、出席の人々は山根の学問の重さに粛然としたことが思い出される。山根の子息の明は、京都の第三高等学校から東京大学文学部社会学科に進み、山根はその将来を期待していたのであるが、一九四四年（昭和十九）十二月、十九歳で召集されて陸軍に入り、翌四五年七月、中国長沙で戦病死したのである。

二　難波王朝と神代について

山根は七、八世紀の孝徳・聖武朝の難波宮に関心が深く、その調査・発掘に晩年の一九年間、全力を傾けたが、それとともに応神天皇が難波の大隅《おおすみ》宮に、仁徳天皇が難波の高津《たかつ》宮に都するなど、天皇家とも関係の深い地であることに関心を持った。とくに応神の難波宮に注目したが、それは『日本書紀』（以下『書紀』と略す）の現存する写本のもっとも古いものの一つが応神紀であることが、その端緒である。

『書紀』の古写本も、平安時代とそれ以前にさかのぼるものはそれほど多くはない。現存する写本で写された時期のもっとも古いものは、平安前期ないし奈良後期と考えられるもので、神代紀上三本（うち二本は同じ写本の別々の部分。したがって写本の数としては二本）と応神紀一本、平安時代の中・後期になると、古写本の数は増加するが、神代紀下と応神紀がそれぞれ一本ずつあるほかは、仁徳紀以下天智紀までの巻々で応神紀より古い巻は神代紀下をのぞくと一本もない（山根『難波王朝』〈学生社〉と日本古典文学大系『日本書紀』〈岩波書店〉の解説による）。

この状態について山根はつぎのように論ずる。神代紀をのぞくと、応神紀の写本が二本あるが、それ以前の巻はなく、「（応神に）つづく歴代と、雄略・継体・推古・皇極あたりの歴代が写し残されていることに、後世の人々の関心がどのあたりにあったのかを心づかされるような心地がする。過去の歴史生活を回顧して、応神天皇一代はとくに心をよせられたものがあったのであろう」（山根『難波王朝』六ページ）と。注目される考察である。

換言すれば、それは後世の人にとっては、建国初代の天皇とされる神武も、御肇国天皇《はつくにしらすすめらみこと》と呼ばれる崇神もあまり関心はなく、関心の対象となっていなかったことも表わしている。

山根はこのことを記したあと、林屋友次郎の説を紹介する。林屋が一九四六年（昭和二十一）に出版した著書『天皇制の歴史的根拠』によると、天皇の漢風諡号の応神天皇の「応」の字は、「仏教において仏身観を説く場合に使われる法・報・応の三身の一つである、応身の応と同じ意味に使用しているものである」と解すべきで、応神は皇祖日の神の応身であって、「この天皇こそ、天照大神の創国の精神を受けつぎ、皇祖の神の理想をこの国土の上に具体化した方であるという意味を表した」と考えるのである。

応神という漢風諡号が定められたのは八世紀後半のころだから、『書紀』編纂者が和風諡号誉田《ほむだ》天皇のことをどう考えていたかはなお考えるべき問題があるが、応神の性格を判定する参考になるであろう。

聖武天皇は七一〇年（和銅三）に都が平城に定まってから三人目の天皇であるが、七二六年（神亀三）十月、藤原不比等の三男の従三位宇合《うまかい》を知造難波宮事に任命する。難波宮は六八六年（朱鳥元）に火災で全焼、そのあと若干の殿舎は復旧されたと思われるが、聖武は以前に劣らぬ壮大な皇居・朝堂の復旧に着手したのであろう。それが現在、後期難波宮と呼ばれている殿舎であると考えられるが、天武は飛鳥に、聖武は平城に立派な宮殿を造りながら、難波にもそれに劣らぬ宮殿を建設したのである。このことについて山根はつぎのように指摘している。

「天武天皇にしても、聖武天皇にしても、とくに難波を名ざして、そこに帝皇の邑を営もうとしたことには、たしかにその地が帝都として選ばれるに足るだけの因縁があったからこそ、そうなったものと考えられる」と論じ、難波の地が皇室にとって、「ほかのどこよりも重視されなければならない歴史的縁由があった」と考えを進める。そうして大伴家持が「私の拙懐を陳ぶる歌」と題して、七五五年（天平勝宝七）二月十三日に作った歌（『万葉集』二〇巻四三六〇）を引用する。その歌は「天皇《すめろぎ》の　遠き御代にも　押照る　難波の国に　天の下　知ろしめしきと」と歌いはじめ、難波宮へ四方の国より貢《みつぎ》を献《たてまつ》る船が集ってくると歌い、ついで「此《ここ》見れば　うべし神代ゆ　はじめけらしも」と歌いおさめる。難波宮は神代のむかしに創始されたというのである。

以下しばらく応神天皇以前を神代といえるかどうかを検討する。『古事記』によると、仲哀天皇が筑紫の訶志比宮にいて熊曽国を撃とうとした時、天皇は琴を控《ひ》いて神の命を請うた。神は皇后（神功皇后）によりつき、「西の方に金銀など珍宝をたくさん持つ国がある。その国をお前に与えよう」と言った。仲哀は「高い所に登って見ても、西の方は海ばかりです」と返答し、詐りをいう神と思って琴を控かなかったので、神の怒りによって死に、神は「その国は大后《おおきさき》（神功皇后）の腹にやどった御子が治める国である」と託宣し、大后の腹の子は、大后が神の指図の通り新羅を討って筑紫へ帰って来てから生まれた。これが応神天皇である。

むろん事実とは思われないが、『書紀』の仲哀八年・九年の条にほぼ同様な話が載せられていて、『記・紀』を読んだ人々―当時の知識人に限られるであろうが、―はこのことを知り、その多くは信じていたのではなかろうか。

このことで、応神以前は神代、応神からが人であるとはいえないが、神の子と信じられていた応神が天皇になるのは、新しい時代が始まることを意味すると解することはできないだろうか。これを以て応神以前の時代を神代とは簡単にはいえないが、仲哀以前の『記・紀』の記事には、神代の巻以後にも神が天皇の夢の中に、あるいは現実の世に姿をあらわし、社会に影響を与える例は少なくない。以下、序論の第二節「応神天皇以前の神と天皇の関係」（一〇―一二ページ）で述べたところと重複するが、思いつくまま二、三の例をあげる。

初代の天皇神武は速吸門《はやすいのと》で会った国つ神の案内で難波に至り、日下の蓼津《たでつ》で登美毗古と戦い、熊野では、建御雷神から授かった横刀で荒ぶる神たちを切り仆し、天つ神から遣わされた八咫《やた》烏の案内で吉野の神々を平定する。吉野から忍坂の大室に至り、天つ神の御子の命で食事を八十建に賜い、歌を合図に神武の側はいっせいに刀を抜いて八十建を打ち殺した。このようにして神武は神の助けにより大和を平定し、神武は美和（三輪）の大物主神の娘を皇后とする。

崇神天皇の時代には、疫病が流行して死ぬ人が多かった。大物主大神が天皇の夢にあらわれ、意富多々泥古（大田田根子）に我を祭らせば、疫病はおさまると告げた。意富多々泥古は大物主神の五代目の孫である。これを探し出して大物主神を祭ると、お告げの通り疫病はおさまった。また陶津耳《すえつみみ》命の娘活玉依毗賣のもとへ、美和山の神（すなわち大物主神）がりっぱな男の姿になって通ったという。

垂仁天皇の時代、垂仁の子の倭比売が伊勢大神（天照大神）を祭り、『書紀』によると、天照大神は、伊勢国に居りたいと、託宣する。また垂仁の子の一人、本牟智和気《ほむちわけ》は成人しても言葉が言えなかった。垂仁が心配していると、出雲の大神が天皇の夢のなかで、わが宮を天皇のみ舎《あらか》と同じように造れと告げた。天皇は本牟智和気を出雲に遣わして、大神を拝せしめ、ようやくものが言えるようになった。

このように神武・崇神・垂仁の三代は神々がさかんに活動している。この三代に限っていえば、神代の延長といえそうである。これに対し、綏靖から開化までの欠史八代と景行・成務の二代は、神の活動はまったく、またはあまり見えない。それはこれらの天皇が六世紀末ないし七世紀に造られた天皇だからであろう（景行と成務の和風諡号はオオタラシとワカタラシで、タラシを諡号とする実在の天皇は七世紀前半の舒明と皇極であることから推定）。

おそらく神武から応神にいたる諸天皇を実在の天皇とする『古事記』や『書紀』が成立する以前は、応神までの時代は神代のつづき、または過渡期と考えられており、七一七年（養老元）ごろの生まれの大伴家持はそういう歴史観を持っていたのであろう。

そして応神以後は中国との交流が盛んになり、応神とそれ以後の倭の王は、中国の宋より将軍号やその他の官職を与えられ、宋にならって国内の有力者も官職を得て官司制がつくられた（鈴木靖民編「倭国と東アジア」（日本の時代史2）吉川弘文館、二〇〇二年）。日本古来の神があらわれて、倭国を動かす余地はなくなる。神代は、はっきり消滅するのである。

もちろん倭は四二〇年に興った宋と国交を結ぶより早く、三六六年ごろから百済と交渉をもち（『紀』神功四十六年条）、百済は三七二年に中国の東晋に入朝するから、百済を通じて官司制の知識を入手することもできたが、いわば本家の中国から直接うける影響とは比較にならない。

倭と宋との関係は、さきに本書第二章七九―八〇ページに述べたので、ここでは略述するにとどめる。倭王讃は四二一年に宋に朝貢して「除授」され、倭王珍は四三八年安東将軍に、倭王済も四四三年に安東将軍に任ぜられたが、済はさらに四五一年、安東大将軍に進められた。また倭王に従う人々にも各種の官が与えられた。

このような状態だから、少なくともヤマト政権の直接支配下にある人間のあいだでは、神を重んずる意識は減少した。頼みになるのは神より官司・官職である。社会は神が支配するのではなく、支配するのは法と制度と国王である。この人々にとっては、応神以前、すなわち神武から応神までは神の代から人の代までの過渡期であって、応神は人の代からさかのぼって、神の代への入りぐちである。大伴家持が、応神の難波宮は神代にはじまるというのは、この意味である。

山根の家持の歌の解釈は、神代は神武以前のことと考える現代の人々の常識にさからうが、卓見と言ってよいだろう。山根によれば、難波遷都は神の代から人の代へ移るという意義をもつ事業であった。

以上に述べた山根の意見は、主として前掲の山根著『難波王朝』による。

三　八十島祭とみそぎ

日本歴代の天皇の即位儀礼としては大嘗祭が有名であるが、八十島祭はそれとならぶ重要な儀礼であった。八十島というのは、大和川と山代川（淀川の本流）が合体して淀川と称せられ、大阪湾にはいるところに、川に流された土砂で多くの中洲ができ、それがやがて多くの島々となるのをいうが、その島々は合体して大阪平野の一部ができる。それで八十島は国の発展を示すめでたい島々と考え、八十島を見わたすところで、国土の発展を祈る祭が行なわれる。それが八十島祭である。

この祭のことは、『文徳実録』嘉祥三年（八五〇）九月条に「八十島を祭る」とあるのがもっとも古い記録である。以下、後堀河天皇の元仁元年（一二二四）十二月の記事を最後として二二回みえる。『江家次第』に「大嘗祭の翌年に行う」とあるように、天皇の即位に際して行なわれる行事であるが、前記の嘉祥三年九月の場合だけが、大嘗祭の翌年でなく、大嘗祭は八五〇年（嘉祥三）九月の翌年の八五一年（仁寿元）十一月に行なわれ、その前年に施行された。

祭儀の中心は、平安時代の史料によれば、岡田精司氏のいうように（「即位儀礼としての八十嶋祭」〈岡田著『古代王権の祭祀と神話』所収、一九七〇年〉）、天皇に仕える女官の典侍が天皇の衣を納めた筥を持って難波津に下向し、神官の宮主が難波津にむかって祭壇を築き、典侍は船に乗って水上に浮かび、天皇の衣を納めた筥を開いて衣を取り出し、神祇官の官人の弾ずる琴の音にあわせて振り動かす行為が、祭儀の中心であろう。そのあと金銀の人形《ひとがた》各八〇枚をはじめ、大量の祭具を海に投じて、祭は終る。振り動かした天皇の衣は筥に納めて御所に持ちかえり、天皇がこれを着用したと思われる。この衣を身につけることで、八十島の浮かぶ海で衣に付着させた国土の生成発展の生気＝神霊を、天皇の身に移したのである。

この説は岡田氏の考えるところで、この祭を天皇の即位するための禊《みそ》ぎ祓《はら》いとする説は古くからあり、国土の生成発展を祈る祭とする宮地直一・梅田義彦氏の説や、禊祓を住吉大社の神が中心となって行なうとする田中卓氏の説、さらに文徳朝に創始された陰陽道による禊祓儀とする瀧川政次郎氏の説などがある。これらを一々とりあげて論評する余裕はない。本稿ではとくに山根徳太郎の説を紹介するにとどめる。

山根の八十島祭に関する意見は、主として山根が一九五九年（昭和三十四）に発表した論文「みそぎ—ナニワにおける皇室の儀礼—」（京都大学読史会創立五十周年記念『国史論集』一）による。なお山根は「応神天皇大隅宮の研究」（『難波宮址の研究』予察報告第一、大阪市立大学難波宮址研究会、一九五六年）にも同趣旨の研究を発表している。

山根の説の要点は、八十島祭の中心は天皇が難波に行き、淀川の清流で「みそぎ」を行ない、心身ともに清浄になるというところにあり、田中卓氏の、「国土恢宏の祈請など」ではなく、「禊祓」こそはこの祭儀の主なる目的であった、とする意見に賛同する。

ただし、山根のいう「禊ぎ祓い」は一般の神道家の説とはちがい、より広く深い内容を持つ。山根は文化人類学に詳しい松本文三郎博士が一九一〇年（明治四十三）に『芸文』一巻六号に発表した「洗礼と灌頂」の文を引き、キリスト教における洗礼と仏教における灌頂とは、浄らかな水で心身を清浄化する点で共通する思想・信仰であることを論じ、「清浄化するということと、神人一体となるということとは、それぞれ別種の思惟によるものであるかとも考えられるが、実は両者ともに洗礼または灌頂の儀礼を必ず伴う所の人間的慣習で、心身の清浄化と、霊肉一体となる秘儀（キリスト教における聖餐の儀礼などを指す。直木註）とは、決して相撞着するものではないばかりか、この二つの儀礼は自然に基いて起り来るものであることから、これらの慣習は世界いたる所に自然に発生して来たもので、決して一が他を模倣し学び知ったなどというべきものではないと主張せられている」と述べる（前掲論文、三六四ページ）。

日本の神道の神事や神祭りも同様で、川や海浜で水を浴びる「みそぎ」の行事は、洗礼や灌頂と本質を同じくする儀礼で、これは「直食《なおらい》」とあわせて神祭りの儀礼は完成すると山根は論ずる。

天皇の即位儀礼で「なおらい」に相当するのは大嘗祭であろう。天皇は皇居の中に設けられる大嘗宮において神聖な食事を祖神とともに食べて、天皇霊を身につけるのである。これにくらべると紫宸殿で行なわれる即位式は、むしろ附属的行事というべきである。そして八十島祭こそが、大嘗祭の「なおらい」とセットになる「みそぎ」すなわち禊祓の儀式であって、八十島生成をもたらす国土恢宏の祈請などではないとして、田中卓氏らの主張する禊祓説を正しいと、山根は考える（前掲書三六七ページ）。

つまり、次代を継ぐべき天皇は、八十島祭の「みそぎ」で心身を清浄にし、神人共食の「なおらい」である大嘗祭で天皇霊を身につけて、天皇となる資格を獲得する、というのである。『江家次第』などで知られる八十島祭では、祭に参加する天皇の姿は見えないが、おそらく奈良時代までは天皇がみずから難波へ下って八十島祭を実施したが、平安時代には幼少な天皇が即位する（清和天皇九歳、陽成天皇九歳、醍醐天皇十三歳等）などの事情で、天皇に仕える女官が天皇の衣を持って天皇に代わって祭に参加したのであるうとする。

問題になるのは、『江家次第』が八十島祭について、「大嘗祭の次の年に之を行う」とし、実例も嘉祥三年の例が大嘗祭の前年に行なわれているが、それ以後の二一例はすべて大嘗祭の翌年に行なわれていることである。それでは八十島祭を、大嘗祭を行なうための禊祓の祭とすることはできない。禊祓の祭とする説を取る人のなかには、八十島祭は大嘗祭の前年に行なわれた唯一の実例である嘉祥三年の故事を重視して、それ以前は記録に残っていないが、大嘗祭前年に行なわれることが多かったのではないかと主張する人もあるようだ。

しかし嘉祥三年の例にみるように、八十島祭の挙行が記録に残されたのは、それが大嘗祭の前年に行なわれる慣例とちがったからであろう。そして一度、八十島祭のことが記録にのこると、それが大嘗祭の前でも後でも、年中行事の一つとして、以後は器械的に八十島祭の挙行を記録に残したのであろう。嘉祥三年の八十島祭が大嘗祭の前年に行なわれたのは、何か特別の事情によるためで、それが記録に残ったことは、むしろそれ以前の年の八十島祭は、大嘗祭の翌年に行なわれたことを示すものと解すべきである。

天皇が八十島祭を行なうのが大嘗祭が終ってからとすると、みそぎを含めてこの祭りは大嘗祭のためではなく、他に目的があったと考えなければならない。それはやはり岡田氏のいうように、八十島の浮かぶ淀川の川口で、国土の生成発展の神霊を天皇の身につけるためであろう。大嘗祭で天皇霊を身につけて即位した新帝は、八十島祭で国土発展の霊を身につけて、天皇の資格が整うのである。それが八十島祭の目的であろう。

このようにみてくると、それでは大嘗宮での大嘗祭はみそぎせずに行なうのか、という疑問が出るかもしれない。しかしそれは岡田精司氏も指摘しているように、天皇は大嘗祭のまえに、大嘗宮の北にある廻立殿の湯殿においてて身を清め、大嘗宮の正殿にはいる（『国史大辞典』、吉川弘文館）。みそぎは終っているのである。

なお「大嘗祭」の語は、岡田精司氏のいうように（「大王就任儀礼の原形とその展開」岡田著『古代祭祀の史的研究』塙書房、所収）、律令制の成立とともに使われはじめた語であるが、古くから即位儀礼の中心となっていたと思われる、天皇が神とともに食事をする「神饌儀礼」―拙稿前述の「直食」に相当―は、大嘗祭でも中心の儀礼となっている。筆者の説明をわかり易くするために「大嘗祭」の語を用いた。

四　国家形成に関する山根説の問題点

さきに大伴家持が「私の拙懐を陳ぶる歌」に「うべし神代ゆ　はじめけらしも」と歌ったのは応神が難波に都を置いたことを指し、応神が神代と人代の境であると山根が論じたことは卓見であるとした。しかし応神以前を神の代として、人の歴史から除外することはできない。応神の以前も以後も、人間の歴史として共通するところは多い。山根の日本史が応神以前は神の代として切り捨てるようにみえることには賛成することはできない。

応神以前は、応神から神武の代までを神の代と人の代の過渡期とみるのは、大伴家持ら八世紀ごろ、あるいはその若干前後の時代の人々の見方であることを確認しておきたい。

応神が難波に都を置いたのは、ふつう四世紀の末ごろと考えられるが、そのころから五世紀の中ごろにかけて、天皇やその近親者、あるいは当時の大豪族の墓と思われる巨大古墳が大阪平野に多数造られる。その大古墳をほぼ年代順にあげると（括弧のなかは墳丘全長、単位はメートル）、河内の古市地区に津堂城山古墳（二〇八）・仲ツ山古墳（二八六）・墓山古墳（二二四）・誉田御廟山古墳（四二〇）・市の山古墳（二二七）、和泉の百舌鳥地区に上石津ミサンザイ古墳（三六四）・大仙陵古墳（四八六）・土師ニサンザイ古墳（二八八）などがある。いずれも古墳時代中期で、四世紀末から五世紀中ごろまでの築造と考えられる。

これ以前では、墳丘長二〇〇メートルを越える大古墳は、おおむね奈良盆地の東部の山ぎわ・山すそに造られている。三世紀後半すぎから四世紀なかごろまでの一世紀近くのあいだに墳丘長が二〇〇メートルをこえる巨大古墳が六基、いずれも山麓に造られているのがめだつ。北から順に記すと、西殿塚古墳（二三四）・行燈山古墳（二四二）・渋谷向山古墳（三一〇）・箸中古墳（箸墓古墳ともいう、二八〇）・外山《とび》茶臼山古墳（二〇八、一九二ともいう）・メスリ山古墳（二五〇）である。このほかに奈良県の北部、京都府との堺をなす佐紀丘陵の南側の西部に墳丘長二〇〇メートルを越す大古墳が三基あり、さらにその南部の平野に同様の大古墳が一基ある。西から五社神《ごさし》古墳（二七六）・佐紀石塚古墳（二二〇）・佐紀陵山《みささぎやま》古墳（二一〇）、及び宝来山古墳（二二〇）で、四世紀後半の築造と推定される。以上はいずれも古墳時代前期の古墳と考えてよい。

この奈良盆地に発達した古墳時代前期の大古墳をうけついで、さらに発展し、より大型の中期の大古墳群が大阪平野に造られたと考えられる。その前期と中期の境にあらわれるのが応神で、応神は都を大阪平野の一隅に造る。それが難波宮である。以後倭王は中国の宋と通交して勢力を高め、中期の大古墳が大阪平野につぎつぎと造られる。

これで応神以後から五世紀にかけての歴史の大まかな枠組みは理解できるが、では奈良盆地に大古墳を造った前期の王の勢力はどうなったか。それが何らかの理由で亡んで新勢力として応神があらわれるのか、平和的に前期の王の勢力を引きついで応神及びそれ以後の天皇があらわれるかのどちらかと思うが、山根はそうは考えない。彼は応神に代表される勢力は、大和とは無関係に、西方から来たとするのである。その著『難波王朝』につぎのように述べている。

なんといっても、文化の早く開けた地域は西方にあるのであるから、いずれかの道をたどって畿内・大和に近づくとすれば、当然その周辺のどこかに足がかりができなくてはならない。このために、難波はかっこうの土地である。皇室の祖先は、難波に第一の足がかりをえたにちがいない。（五四ページ）

また、つぎのようにいう。

しごく常識的な考え方ではあるが、大和地方のこの地域（主として飛鳥をさす。直木註）へ皇室が進出したのは、九州から遷座したのちである。今日の和泉・摂津・河内の地域がまず開け、青山四周、六合の中心かと考えられた地域がいっそくとびに開けたなどということはありえないと思う（五四ページ）

山根の説にしたがえば、前述の奈良盆地にある前期の大古墳がどうして成立したか、説明がむずかしくなる。山根はまた神武天皇・崇神天皇は実在しなかったとして、応神以前に奈良盆地が開発されたとする『記・紀』の伝えを否定する（前掲書五五―五六ページ）。しかし、この両天皇が虚構されたものとしても、三世紀後半から四世紀後半にかけて、奈良盆地には有力豪族の存在したことを示す巨大古墳が実在するのである。

『魏志』倭人伝によれば、二世紀末から三世紀半ばごろまで、邪馬台国が倭国に存在した。その女王卑弥呼の都としたところが畿内大和であれば、卑弥呼の墓は径百余歩あったというから、これが倭国における前期の巨大古墳のはじまりとすることができるが、山根はつぎのように論じて、邪馬台国九州説を取っている。

近ごろ九州邪馬台国説を排して、近畿大和説をとなえている人々があるが、白鳥庫吉博士も津田左右吉博士も、邪馬台の起こりは九州地方に考えるべきものだと主張しつづけられた。（五五ページ）

結局、山根は三・四世紀の大和に存在する古墳時代前期の大古墳群を無視し、その起源の説明を放棄している。山根の学説の大きな欠点というべきであろう。

邪馬台国は九州にあり、卑弥呼の墓も九州にあったとする説は現在も根強く残っており、卑弥呼の死後、その勢力は西に移って、古墳時代前期がはじまるとする説もあり得ると思う。しかし卑弥呼の没後、その勢力が畿内に移って古墳時代が始まったとしても、それは三世紀末ないし四世紀始めのこととなり、応神天皇の時代とは一世紀前後の差がある。白鳥庫吉や津田左右吉の説も、四世紀末の応神のころから畿内に古墳の築造が始まることを主張したのではない。

それよりも前期古墳の成立について問題となるのは、その時期である。かつては日本における大型古墳の成立は、三世紀の末ないし四世紀のはじめとする小林行雄の説が有力であった。この説に立てば、西暦二五〇年ごろに死去した卑弥呼と全長二八〇メートルある箸中古墳とは関係がなくなり、箸中古墳は卑弥呼の死んで半世紀ぐらい後に築造され、そのころすなわち三世紀末ないし四世紀初頭ごろから古墳が造られはじめたことになる。この考えかたに立てば、古墳の成立と応神の出現との間隔は半世紀程度になる。

山根が、「記紀の語るわが国の開国の伝承が成立し、固定する以前に、応神・仁徳を中心とする開国説話が行われていたことは、じゅうぶんに考えられる」、あるいは「四、五世紀のころ応神・仁徳の時代に日本はその発祥をとげた」、すなわち開国をとげており、そののち八世紀にいたって、稗田阿礼や太安万侶らが国家の形成についての所伝を「いまみるような体裁に整えた」のである（以上山根前掲書、六四、六五ページ）といっているのは、古墳の発生を三世紀末以後とする考えにも影響されたのかもしれない。

しかし、古墳の発生を三世紀末以降とする小林の説は、いまはくつがえって日本における古墳の発生は三世紀中葉を若干すぎたころとする意見が有力となり（三世紀前半とする説もある）、箸中（箸墓）古墳を卑弥呼の墓とする論者もふえた。

応神を祖とする政権＝国家が四世紀末に河内平野に成立する以前に、奈良盆地には墳丘全長が二〇〇メートルを越える大古墳を、少なくとも十基以上築造する社会が形成され、一世紀以上継続したことは、広く認められている。これを国家形成以前の社会である神代であるからといって、その存在を無視することはできない。

これが筆者のみるところ、山根説のもっとも大きい疑問点である。他にも問題はあるが、難波宮研究とはなれるので省略する。

第四章　応神天皇朝で変わる日本古代史

はじめに

日本古代国家の形成過程における応神天皇の位置については、『日本書紀研究』二八冊（塙書房、二〇一三年一月）に載せた拙稿「日本古代国家の形成と河内政権」（本書第二章に収める）その他でたびたび書いたことがあるが、二〇一三年新春、山根徳太郎氏が一九六九年に刊行した著書『難波王朝』（学生社）を読み直して、奈良、平安時代の古代において、応神天皇が重視されていたことを再認識し、また雑誌『古代史の研究』一八号（関西大学古代史研究会、二〇一三年三月）掲載の西本昌弘氏筆の論文「倭王讃と応神天皇」を読んで、応神天皇朝に倭国と高句麗が提携して中国南朝の西晋に朝貢したとする見解を知り、新しく考えさせられることが少なくなかった。

以下、第一節で山根説にもとづいて、古い時代、少なくとも八世紀には、応神朝までを神代とする考えがあったことを述べ、第二節では、私がかつて旧稿で明らかにしたところであるが、いわゆる皇別氏族の大部分が応神およびそれ以前の天皇を祖先としており、応神の時代が、氏の祖のあらわれる神話的世界と、人が歴史の主役となる現実的世界との境界となることを述べ、第三節では前記の西本昌弘氏の研究を手がかりにし、二六五年魏が亡び、翌年倭の女王の使が中国の西晋に入朝して以後、倭の王の外交の相手は朝鮮諸国であった限界を越えて、西晋が三一六年に亡んで以後は、中国南朝の東晋、ついで宋に遣使、朝貢して倭王に任ぜられるとともに官職をえ、国内に官司の制を施行したと考えられることを述べた。将来、律令制が整えられる基礎が作られるのである。

この見通しに立って今一度、応神天皇朝の持つ歴史的意義について述べようと思う。ただ整った論文とするには、体力・視力・聴力が衰えて困難なので、エッセイの形をとることをお許しいただきたい。

一　神代の延長

まず山根氏の著書『難波王朝』であるが、それは山根氏はながく勤めた大阪市立大学を定年退職したあと、七・八世紀の難波宮跡の発掘・調査に没頭するが、そのかたわら、それ以前の難波宮の歴史の研究にも力をつくして刊行した書物である。私は前記のように四十年ぶりぐらいに読みなおし、つぎの諸点を教えられた。

古代、五・六世紀ごろ日本列島の政治の中心の地域である大和・河内を支配する有力者は、王あるいは大王と呼ばれたが、難波の地域に都を置いた最初の王は、応神天皇であろう。『古事記』の応神段には、「品陀和気命《ほむだわけ》（応神）、軽嶋の明宮に坐して、天の下治《しろしめ》しき」とあって難波宮のことはみえないが、『日本書紀』（以下『書紀』という）には応神二十二年五月条に、「天皇、難波に幸して、大隅宮に居る」とある。また応神四十一年二月条に「天皇、明宮に崩ず」とあり、明宮は軽嶋の明宮（大和国高市郡であろう）のことと思われるが、その条の分注に「一に云う、大隅宮に崩ず」とある。大隅は難波に属する地とみてよかろう。

なお『書紀』には、応神二十二年条の大隅宮の記事に引きつづいて、天皇が宮の高台《たかどの》から西方にひろがる海を望む記事をのせている。大隅宮が大和にあったのではないことは明らかである。なお難波の地は、国評の制の整う七世紀末以後は、摂津国に属するが、摂津国の成立する六世紀以前は、河内地方に属すると考えられていたと思われる。この場合、「河」は淀川、「河内」は淀川の内側（東側）の地を指す。

それはともあれ、山根徳太郎氏は古代史における応神朝の重要性をさぐるために、『書紀』の古写本がどの程度残っているかを検討する。そして現存する古写本でもっとも古いものは、佐々木信綱旧蔵の神代巻上と田中勘兵衛旧蔵の応神紀で、書写の年代は九世紀中葉の貞観年間を下らないことから、応神天皇が古代から重んじられていたことがわかると論じた。

この山根氏の方法にならって、日本古典文学大系（岩波書店）の『日本書紀』上の「解説」の「諸本」の項（大野晋筆）に拠って、平安時代末期までの古写本の残存状態を検討すると、つぎのようである。

平安時代前期の貞観以前の状態をもうすこし詳しくいうと、残っているのは神代巻上が三本と応神紀が一本であるが、神代巻上の三本のうちの二本は、もと同一の写本が二本にわかれたもので、写本の数としては、神代巻上二本・応神紀一本ということになる。貞観以降平安末期までは、上記以外に応神紀が一本あり、応神紀の写本はあわせて二本となる。

それ以外では、三本残っているのが推古紀（巻22）・舒明紀（巻23）・皇極紀（巻24）、二本残っているのが雄略紀（巻14）・継体紀（巻17）で、そのほかに仁徳紀（巻11）・履中・反正紀（巻12）・允恭・安康紀（巻13）・清寧・顕宗・仁賢紀（巻15）・武烈紀（巻16）・敏達紀（巻20）・用明・崇峻紀（巻21）・孝徳紀（巻25）・斉明紀（巻26）・天智紀（巻27）がそれぞれ一本ずつである。

書物が残るのは、火事・戦災や洪水などの偶然に左右されることが多いが、右の残りかたを見ると、偶然とだけは言えないように思われる。三本残っている推古紀以下の三天皇紀のうち、推古紀は、古代で最初の女帝の歴史で、聖徳太子の伝記を含み、舒明紀の舒明は日本に新しい時代をもたらした天智・天武の父親、皇極紀の皇極は天智・天武の母親であり、この女帝の時代に古代最有力の豪族であった蘇我氏が亡んで大化改新の新政が始まる。きわめて重要な時代の紀である。二本残るのは雄略紀と継体紀であるが、雄略は五世紀でもっとも有力な天皇として知られ、継体紀の継体は雄略の没後の政治の混乱の時代に、越前からあらわれて新しい王朝を始めた天皇である。逆にいうと、一、二例外はあるかもしれないが、史上あまり働きのない天皇紀は、一本も残っていないか、残っていてもせいぜい一本である。

これを要するに平安時代まで書写年代がさかのぼる古写本、特に複数が残るのは、偶然性にもよるが、当時の人びとが重要と考えた天皇の巻である。

また『書紀』全三〇巻から神代巻上・下の二巻を除き、のこる二八巻を巻3（神武紀）から巻16（武烈紀）までの一四巻と、巻17（継体紀）から巻30（持統紀）までの一四巻の二部にわけて眺めると、残っている古写本の本数は、前半が九本、後半が一六本で、平安時代までの古代人は、前半の武烈紀以前より後半の継体紀以後の時代に関心が高かったのではないかと思われるが、比較的関心が低かったらしい前半の武烈紀以前では、残存の古写本九本のうち二本が応神紀であることは、やはり注目せざるを得ない。念のために記すと、前半の残りの七本は雄略紀二本、仁徳紀、履中・反正紀、允恭・安康紀、清寧・顕宗・仁賢紀、武烈紀が各一本である。この点からも古代人の応神紀への関心が高かったと言ってよいであろう。

では日本の古代の人びとは応神紀のなにに関心があったのか。このことについて参考になるのは、八世紀中・後期の万葉歌人として有名な大伴家持が七五五年（天平勝宝七）二月に、難波宮で詠んだ「私の拙懐を陳ぶる歌」

（『万葉集』巻二〇―四三六〇）と題した歌である。この歌は兵部少輔であった家持が、筑紫へ向う防人を検閲するために奈良の都から難波に来たときの作であるが、

天皇《すめろぎ》の　遠き御代にも　おし照る　難波の国に

と歌いおこし、難波宮に四方《よも》の国より御調をたてまつる船が集まってくるさまを述べ、

そきだくも　おぎろなきかも　こきばくも　豊けきかも　ここ見れば　うべし神代ゆ　始めけらしも

大意―（難波の海を見ると）非常に広大なことである。非常に寛《ゆた》かなことである。この様子を見れば、道理にかなって、神代の昔から、この難波宮をはじめられたとみえる。（土屋文明『万葉集私注』）

と歌いおさめる。応神天皇によって始められた難波宮は、神代のむかしに始まる、というのである。『古事記』や『書紀』によれば、神代が終り、人の代となるのは、橿原に宮を置いた神武天皇にさかのぼる。そのことを記した『古事記』は七一二年（和銅五）に、『書紀』は七二〇年（養老四）に成っており、七一七年ごろに生まれた家持は知っていたと思うが、『記・紀』の写本の普及度からいって、『古事記』はおそらく読んだことはなく、『書紀』も写本を家に蔵するほどではあるまい。『書紀』の神武紀を読んで神代が神武で終ることを知っていたかもしれないし、神武が初代の天皇であるという言い伝えを聞いていたかもしれない。

しかし家持は、神武が都をおいたという大和高市郡の橿原の地へ行ったことはあるまい。それにくらべて応神が都したという難波の地へは、防人検閲の場合のほかにも聖武天皇に従うなどして足を踏み入れたことはあったであろう。神代から人の世に転換する土地としては、橿原より難波を重視していたと思われる。

日本の国は応神天皇の難波宮ではじまるという考えを持つ人は、『記・紀』が普及する以前は、家持以外にも少なくなかったであろう。古代において人びとが神武紀以上に応神紀に関心をもったのは、そのためではあるま

いか。応神朝が日本の歴史上の大きな曲折点であり、変革の時期とする考えが強かったのである。

二　氏族の祖の現われる時代

『記・紀』に従って神武天皇以前が神代であるとする考えに慣れている者には、応神をふくめて応神以前が神代であるという考えは突飛な説にみえるけれど、私はかつて氏族の先祖を調査したときの経験から、十分受け入れることができる。

その調査の結果は、一九六四年に発表した論文「応神王朝論序説」（拙著『日本古代の氏族と天皇』〈塙書房、一九六四年十二月〉に収め、のち二〇〇五年刊『古代河内政権の研究』〈塙書房〉に再録）の第四節「皇別氏族系譜成立の時期」に述べた。その要点を記せばつぎの通りである。（表1・表2はその結果を示したもの）

『古事記』には神代の神々および過去の天皇を祖とする神別・皇別の氏族二〇四氏について、氏族の先祖をどの神・どの天皇の後裔としているかを記している。それを調べたのが、表1である（先祖の神については便宜上一々の神名を挙げるのを略し、一括して記した）。神別・皇別二〇四氏のうちわけを記すと、仁徳以後の天皇を祖とする皇別氏族は四氏、応神以前の神々と天皇を祖とする神別・皇別の氏族は二〇〇氏、うち神別は二八氏、皇別は一七二氏である。

同じように『書紀』について調べると、『書紀』にみえる祖先の知れる神別・皇別の氏族は一一一氏、そのうち仁徳以後の天皇を祖とする皇別氏族は一八氏、それ以外の九三氏が応神以前の神々と天皇を祖とする神別・皇

表1　『古事記』に祖先系譜のみえる氏族

	臣	連	君	造	直	首	史	国造	県主	稲置	別	その他	計
神代		6	2	2	3	1		12	1	1			28
神武	6	6	3	2	2	1		6				3	29
綏靖									1				1
安寧										3			3
懿徳										1	2		3
孝昭	13		2					1					16
孝霊	6		1		1				1				9
孝元	28	2	1					1					32
開化	1	2	6	3	1			3			5	2	23
崇神	1		4										5
垂仁			8								10		18
景行		1	7			1		3			7	3	22
仲哀	1											1	2
応神			7			1	1						9
安康			1										1
宣化			3										3
合計	56	17	45	7	7	4	1	26	3	5	24	9	204

別の氏族、そして神別が二〇氏、皇別が七三氏である（表2）。『古事記』と『書紀』とを比較すると、『古事記』が『書紀』の二倍近い多数の氏族の祖を取りあげ、『書紀』は応神以後の天皇を祖とする皇別氏族を『古事記』より多く含むという違いがあるが、応神以前の天皇を祖とする皇別氏族は応神以後の天皇を祖とする氏族よりずっと多いという傾向はかわらない（表3参照）。

私はこのことについてかつて次のように述べた。「なぜこのような傾向が生じたのか。ここにみえる氏族、とくに地名を氏の名とする氏族の大部分は、もと氏の名の起源となった土地の豪族として、その地に割拠・独立していたのであろう。天皇や皇子の後裔というのは、おそらく多くの場合事実ではなく、彼らが大和朝廷の支配下に入り、天皇の権力に統率されるようになって

表２　『書紀』に祖先系譜のみえる氏族

	臣	連	君	公	造	直	首	史	国造	県主	別	その他	計
神代	1	5	4			2	3		2			3	20
神武		1				1	1		2	3		2	10
綏靖	1												1
安寧		1											1
孝昭	1												1
孝霊	1												1
孝元	4		1						2				7
崇神	1		2		1								4
垂仁		1	2		1								4
景行	1		7			1			3		4	1	17
仲哀					1					1			2
神功		1				2	2					2	7
応神	6	1	4			1	1	1			1	3	18
仁徳	2				1								3
履中									1		1		2
安康	1												1
雄略	1	1											2
清寧		1											1
顕宗										1			1
武烈			1										1
継体				3									3
宣化			1	2									3
用命				1									1
合計	20	12	22	6	4	7	7	1	10	5	6	11	111

表３　年代別氏族数

年代	古事記	日本書紀
神代	28氏	20氏
神武―応神	172氏	73氏
仁徳以下	4氏	18氏
合計	204氏	111氏

から、そう称したにすぎないことは、いまさら説くまでもあるまい。それ以前は、各地域において、氏族ごとに独自の氏族伝承、氏祖伝承をもっていたのである」（前掲「応神王朝論序説」）。

『古事記』について見ると、綏靖から開化にいたるいわゆる欠史八代のうち、孝安以外の綏靖・安寧・懿徳・孝昭・孝霊・孝元・開化の七人の天皇を祖とする氏族は八七氏に達するが、周知のように欠史八代の天皇は、日本の建国を古くみせるために六・七世紀から八世紀の初頭までに造作された天皇で、実在しないことは広く知られている（直木「欠史八代と氏族系譜」〈直木著『日本古代の氏族と国家』吉川弘文館、二〇〇五年十二月〉）。欠史八代に見える天皇を祖とする氏族は、欠史八代の伝承が成立するまでは、ほとんどが天皇と系譜関係を持たなかったと考えてよいだろう。

応神以前では、存在確実な天皇は少なかったと思われる。繁雑になるのでくわしくは説かないが、神武天皇は神倭伊波礼《いはれ》毘古という和風諡号から考えて、天皇の宮が高市郡のイワレ（伊波礼・磐余）の地に多く造られた六世紀ごろに造られた可能性が高く（直木「神武天皇の称号磐余彦の由来について」〈直木『飛鳥　その光と影』吉川弘文館、一九九〇年六月〉）、第十二、十三、十四代の景行、成務、仲哀の諸天皇は、大帯日子《おおたらしひこ》、若帯日子《わかたらしひこ》、帯中日子《たらしなかつひこ》の和風諡号から考えて、六・七世紀ごろに造られたものと思われる（六世紀から七世紀にかけて在位した舒明天皇の和風諡号が息長足日広額《たらしひひろぬか》、皇極天皇の諡号が天豊財重日足姫《あめとよたからいかしひたらしひめ》であることから推定）。

考古学からすれば、よく知られているように三世紀中葉から四世紀後半にかけて、墳丘長二〇〇メートルを越える大古墳が一〇基、大和盆地東辺の山麓部に存在し、天皇に相当する権力者が少なくとも六人いたと思われるが（白石太一郎氏による）、五世紀初頭以後中国に朝貢して、将軍号を得、府官制を施行し、官司制の政体を発展させた倭国は、四世紀末以前の倭国とはまったくことなる政体の国家であった。

いままで古代氏族について述べてきたことをまとめると、古代、日本国家を構成した氏族は、いわゆる諸蕃(蕃別)と呼ばれる氏族をのぞくと、その他の氏族—ふつうこれを神別と皇別に分ける—の多くは、六・七世紀ごろまでに大和朝廷の支配下に入り、天皇に服属していた。これらの氏族は現実の勢力関係にもとづいて、一部は神代の神々を祖としたが(これが神別)、多くは天皇の系譜に直接つながることを求め、天皇の側も統一国家の確立のためにこれに応じ、上に示したような皇別氏族の系譜が成立したのであろう。

その場合、注目されるのは、仁徳天皇以降の天皇とのつながりを求めた氏族がきわめて少ないことである。前述したが表1にみるように、『古事記』では、神武から応神までの天皇の子孫と称する氏族一七二、仁徳以後の天皇の子孫とする氏族四、『書紀』では、神武から応神までは七三氏、仁徳以後は一八氏、である。表3を参照されたい。

表をみると、登録氏族数の比率において、仁徳以下の氏族数が『古事記』より『書紀』のほうが高いが、それは『古事記』本文が推古天皇で終っているのに対し、『書紀』が天皇の代数にして六代(大友皇子の即位を認めると七代)、のちの持統天皇までを含むことにもよると思われるが、『古事記』のほうが、その書名が示すように、古い時代を重視していた結果でもあろう。

しかしそれにしても、『記・紀』ともに先祖を応神以前の天皇に求めた氏族がはなはだ多いことは、始祖のあらわれる時代としては、応神以前がふさわしい、つまり神話的世界と考えていたことを示すと思われる。

八世紀はじめ、『記・紀』によって再構成された日本の歴史(実は天皇家の歴史)では、神武以来天皇家は一貫して続いており、私たちはその歴史に慣らされているが、事実はそうではなく、天皇家の歴史は応神朝に大きな変化があり、七・八世紀の氏族の代表者や宮廷に仕える人びとは、自分たちの生きている世界は応神朝から始まり、それ以前は神話的、伝説的な時代であるとする考えを持っていたのである。

三　中国との国交の再開

応神天皇の時代がそれ以前と大きくことなるもう一つの点は、応神の支配する倭国が中国南朝の東晋および宋と交渉をもち、中国の文化や政治、とくに官司による支配体制を取り入れたことにある。それは本稿の「はじめに」に書いた西本昌弘氏の説及び「はじめに」にはふれなかった鈴木靖民氏の研究に教えられる所が多い。

倭国と中国との交渉は『漢書』地理志に「楽浪海中に倭人あり。分れて百余国と為り、歳次を以て来り、献見すと云う」とあり、紀元以前にはじまり、後漢代には西暦五七年に倭の奴国が朝貢して印綬を授けられ、一〇七年には倭国王師升が後漢の安帝に生口一六〇人を献じ、魏の時代には倭国の王卑弥呼が二三九年、二四三年、二四七年の三度遣使し、魏からも二度使が来日し、卑弥呼に鏡や刀・錦などを贈ったが、卑弥呼の死によって打ち切られた。その後は二六六年に倭の女王（卑弥呼の宗女壱与か）の使者が西晋に入貢したことが『晋書』にみえるが、それ以後はしばらく倭と中国の交渉は絶える。

倭が中国との関係を復活するのは、よく知られているように五世紀になってからで、いわゆる倭の五王の時代である。倭は倭王讃が四二一年・四二五年・四三〇年、倭王珍が四三八年、倭王済が四四三年・四五一年・四六〇年、済の世子興が四六二年、倭王武が四七七年・四七八年に、あわせて五八年間に一〇回、継続して遣使しており、すべて中国の南朝宋の歴史を記した『宋書』にみえる。

このほか『晋書』によれば、四一三年（義熙九）の条に、「是の歳、高句麗、倭国及び西南夷の銅頭大師、並びに方物を献ず」とある。しかし池田温氏が指摘するように、『太平御覧』巻九八一、香部一、麝条所引「義熙起居注」に「倭国、貂皮、人参等を献ず」とあり、貂の皮も人参（朝鮮人参）も高句麗の特産物であるところから、この時の倭の使は、高句麗が倭との戦いで捕虜にした倭人に、自国の産物の貂皮、人参を持たせて倭国の使にみせかけて、東晋に入朝させたものとする坂元義種氏の説（『倭の五王—空白の五世紀—』教育社、一九八一年）が一般に知られ、通説化している。

西本昌弘氏の説はこの通説を批判するものである。西本氏はまず坂元説の解釈とは異なる諸家の説を挙げる。詳しく紹介する余裕はないが、橋本増吉氏は、四一三年は高句麗の広開土王の没した年で、高句麗と倭との間に和平ができたことを推定し、肥後和男氏は広開土王のあとを継いだ長寿王が幼少であったために高句麗は平和を求めたとし、前田直典氏は応神二十八年条に高句麗が日本に遣使朝貢したとあることに注目し、このころ日麗間に和平が結ばれたことを推定した。

また高句麗が倭をともなって東晋に遣使した義熙九年（四一三）の三年まえの義熙六年には、東晋が山東半島にあった南燕を滅したことが、高句麗をおびやかし、遣使させたのであろうことは、大庭脩氏や川本芳昭氏が説くところだが、西本氏はこれに加えて、さらにその二年まえの義熙四年に高句麗が南燕に遣使、貢献していることを指摘する。高句麗のたよりとする南燕を東晋が奪ったため、早急に恭順の意を表する必要を感じ、倭国を伴うことでその意思をより強く示そうとしたのであろう、と推測する。

これら諸説を考えあわせて、『書紀』・『晋書』・好太王碑文などを検討すると、応神天皇と高句麗王との険悪な関係は、応神即位の数年のちに改善され、平和な関係にもどったと思われる。以下しばらくその問題について私見を述べる。

まず応神の在位の期間であるが、即位の年（応神元年）は、『書紀』の紀年をそのまま西暦に換算すると、二七〇年となる。しかし応神三年の干支の壬辰に注目すると、『書紀』応神三年是歳条に、「是の歳、百済の辰斯王立つ」とあり、『三国史記』など朝鮮の史料によると、阿花王の即位は三九二年壬辰で、応神天皇三年も壬辰だが、西暦では『書紀』の紀年を干支二運すなわち一二〇年くり下げると一致する。したがって応神の即位の年は三九〇年と推定できる。

応神の在位年数は『書紀』によると四十一年で、百十歳で没したとあるが、これはもちろん信じられない。筆者は応神は『宋書』にみえる倭王讃と同一人と考える（一般にも有力な説）が、さきに記したように『宋書』には、讃が四二一年（永初二）・四二五年（元嘉二）・四三〇年（元嘉七）に宋に遣使したとあり、四三八年（元嘉十）には讃の弟珍が遣使したとあるから、讃すなわち応神は、四三〇年の数年後に没したと思われる。

こう考えてよければ、応神の在位は三九〇年からはじまり、四三〇年すぎまで四十数年に及び、二十歳で即位したとすれば、没年は六十数歳となり、古代の王の在位年数としてかなり長い。ありえない年ではないが、応神と讃とは別人であるかもしれない。

この期間中の高句麗との関係を見ると、その前半の十数年、しばしば高句麗と戦ったことが、いまも中国吉林省集安に在る広開土王碑（好太王碑）にみえる。応神即位の翌年の三九一年、倭は朝鮮半島に侵入、百残（百済）、新羅を圧迫して「臣民となす」とあるのが最初で、三九六年高句麗は反撃して、百済を「奴客」とし、百済は高句麗に臣従を誓ったが、三九九年百済は誓いにそむいて倭と和通したため、高句麗は四〇〇年に歩騎五万を以て出撃し、倭を撃退した。倭はこの敗戦にもかかわらず、四年後の四〇四年には、平壌の南の帯方の地に侵入した。碑文には磨滅した字があり、正確な意味の不明なところが多いが、「連船」と読めるところがあるから、騎馬による陸戦を得意とする高句麗を、倭は水軍によって悩ましたらしい。しかし高句麗は四〇七年に反撃し、結局倭は敗退した。

倭が高句麗と手をにぎって東晋に入朝、貢献する四一三年は、その六年後のことである。この六年のあいだに倭国の首脳部は、従来の経験に鑑み、高句麗と和平することに方針を改めたのであろう。

方針の転換は、応神の政権がくつがえったためではなく、即位以来十三年を経て、応神周辺の有力者たちが年老い、高句麗に敗れたことも原因になって政界からしりぞき、即位の時に若かった応神も三十歳台となって、みずから政務を執ったことによるのではなかろうか。応神即位以前も、三七一年に百済が七枝刀を造って倭に贈ったこと（『書紀』神功五十二年五月条。それに相当すると思われる七支刀と刻まれた銘をもつ刀が、石上神社に蔵される）でわかるように、倭は百済を助けて高句麗と戦っていた。それから三十余年がたったのである。高句麗の側でも、橋本増吉氏らが指摘するように、三九一年に即位して二十余年にわたって倭と戦いつづけて来た広開土王が四一三年に没し、代って即位した長寿王は、政局の安定をはかって和平の方針をとり、倭の外交に同調したのであろう。

倭が高句麗と協力したのはこの時だけではなく、『書紀』には応神二十八年九月条に高麗が朝貢して「高麗の王、日本国に教う」と言い、太子の菟道稚郎子が怒ったとある。「朝貢」とか菟道稚郎子が怒ったというのは、『書紀』の文飾であろう。応神三十七年二月条には、倭の使者が呉に行くために、高麗に渡って道を問うと、高麗王は「導者」二人を遣わし、これによって呉に行くことができた、とある。親密な関係とはいえないが、一応友好関係は保たれていたのであろう。

つぎの仁徳朝でも、仁徳十二年七月に高麗が鉄の盾と的《まと》とを貢し、五十八年十月に呉と高麗が朝貢したと『書紀』にみえる。どこまで事実か疑問であるが、少なくとも以前のような戦闘状態ではなかったと思われる。但し、『書紀』応神七年九月条に、「高麗人、百済人、任那人、新羅人、並に来朝す。」とあるのは信じ難い。少なくとも「高麗人」は除くべきである。

むすび

「はじめに」で述べたことの繰りかえしになるが、かつては応神天皇以前の社会は、応神天皇以後の社会の人びとからみれば、神代の延長ないし神代から人の代への過渡期と考えられていたと思われる。応神天皇の時代以後は、倭国は中国の東晋や宋に朝貢して官職を授けられ、国内に東晋と宋に学んで府官制を施行、官司・官人によって政治を行なうようになった。のちの律令制社会の基礎が築かれたのである。神代の延長の社会から律令制の社会へ、この大きな変化が生まれる転換点が応神王朝である。

日本の古代史は、応神朝を堺として前後に大きく二つに分れる。しかしこの考えに対し、批判的な研究者はたいへん多い。反対の主要な理由は、拙稿「日本古代国家の形成と河内政権」（本書第二章。前掲『日本書紀研究』二八冊にも収める）に書いたように、応神の以前も以後も政治権力の所有者の本拠は奈良盆地の南部にあり、三・四世紀に奈良盆地に造られた大古墳よりさらに巨大な古墳が四世紀末の応神のころから河内南部に造られるのは、政治勢力の本拠が河内に移ったのではなく、奈良盆地には大古墳を造るに適した土地がなくなったからであるというのである。

しかしそれでは、なぜ応神朝が神代と人の代とのさかいとなったのか、なぜ応神以前が神代の延長と考えられたかは、わからない。また『書紀』の古写本の残りかたたから考えて、古代の知識人は、初代の天皇である神武の紀や、「御肇国《はつくにしらす》天皇」と称せられた崇神天皇の紀より、応神紀を尊重したと思われることも、理由がわからない。

さらに私の疑問とするのは、五世紀に府官制にもとづく官司の制を整えた倭国が、五世紀の末近くに雄略天皇が没して以後、国の政治が乱れたとき、奈良盆地に政治の中心となる強力な権力者がいたならば、何とか手を打ちそうなものであるのに、そうした動きは少しもなく、混乱を収拾したのは、越前、近江を地盤として大和へはいった継体天皇であった。なおここで注目されるのは、継体が「品太王《ほむだ》の五世の孫」(『古事記』)、「誉田天皇の五世の孫」(『書紀』)とされることである。品太王はいうまでもなく応神天皇で、継体天皇の系譜は、応神より古くはさかのぼらない。古ければよいというのではなく、現実に応神が尊重されていたことを示すものであろう。

そして『記・紀』にはこの継体に抵抗した有力な勢力が大和にあったことも見えない。継体は大和にはいって宮を磐余の玉穂におく。高浜虚子の作であったと思うが、「去年今年《こぞことし》、貫く棒の如きもの」という俳句があるが、奈良盆地の南部にあるという大勢力の首長は、武烈天皇死後の混乱期に「棒」としての動きを示さなかった。棒はなかったのである。「幽霊の正体見たり枯尾花」の感が深い。

〔追記〕

本稿では書き落したが、神話学者の松前健氏が一九八二年に、雑誌『歴史と旅』(昭和五七年一月号)に発表した論文「応神天皇と河内王朝」があるので、紹介しておく。応神天皇をめぐる水野祐、吉井巌、井上光貞、金関丈夫、岡田精司、塚口義信、三品彰英、柳田国男および松前自身や筆者（直木）の説を論評した学界動向というべき文章である。

内容のいちいちについて述べる余裕はないので、とくに興味をもった三点に限って記す。

その一は、江戸時代に藤井貞幹がその著『衝口発』でつぎのように述べていることである。「神武天皇ノ御末ハ仲哀天皇ニテ尽サセタマフ。……（中略）……按《あんずる》ニ応神天皇ハイヅクヨリ出サセタマフヤ。胎中天皇イロイロ疑《うたがわ》シク思ハルルナリ」と。

その二は、応神天皇の母の気長足姫（神功皇后）が神の子を宿して生んだのが応神であって気長足姫と応神とは母子神ということになるが、母子神信仰は北九州では筑前の香椎から豊前、豊後に至るまで盛んであり、「宇佐託宣集」にみえる大隅正八幡宮の縁起にも語られている。

その三は、松前氏自身、「いろいろの事情からみても、応神はやはりもとは四世紀末ごろの実在の王者であり、九州出自であると称し、住吉神の寄胎によって生れた英雄であると自称した河内王朝の建設者であった」と結論していることである。

この論文は、一九八六年（昭和六一）一月、雄山閣出版より刊行された松前著『大和国家と神話伝承』に収められた。

第五章　大和政権から河内政権へ
―纒向遺跡と津堂城山古墳を手がかりに―

はじめに

古代日本の歴史をかえりみると、三・四世紀には奈良盆地に大古墳が造られ、四世紀末から五世紀には河内（和泉を含む。以下同じ）平野に大古墳が造られる。考古学上、大きな変化が生じたのであるが、三・四世紀には政治上、大和の有力豪族が倭国の政権をにぎっていたのが、四世紀末からは政治の中心は大和から河内に移り、河内の有力豪族が大和の豪族に代って倭国の政権をにぎったのではないかと思われる。河内の有力豪族が大和の有力豪族を圧倒して、政権を奪取したと考えることができる。[1]

しかしそうではなくて、大和の有力豪族は四世紀末以後も健在で、引きつづき倭国の政権をにぎっており、大和は土地が狭いので、大古墳の造営地を大和から河内に移したにすぎないとする研究者は少なくない。[2]筆者のように大和の豪族の力が衰えて、河内の豪族に取ってかわられたとするのは、むしろ少数意見である。

ただし近年になって明白になったことだが、大和の纒向遺跡が四世紀の中ごろに消滅したことは、大和の勢力の低下をあらわし、四世紀末に河内に津堂城山古墳が築かれたことは、河内に根拠をおく豪族の勢いが高まったことをあらわすと考えることができる。

そこで、纏向遺跡の消滅と津堂城山遺跡の出現の二つの問題を取りあげ、筆者の持論(3)を改めて主張しようと思う。

一　纏向遺跡の消滅の意味

纏向遺跡は、奈良盆地の東南に立ちあがる三輪山（標高四六七メートル）の北西の山麓平地にある古代の集落遺跡である。大和川の支流で、三輪山の北を西へ流れる纏向川の北にあり、現代の行政上では桜井市の北部に当る。東西、南北とも約二キロの面積をもつ集落遺跡で、弥生時代末期の二世紀後半ないし末に出現し、古墳時代前期の終りに近い四世紀中ごろに消滅する。木下正史氏『倭国のなりたち』(4)その他、多くの研究者の説がほぼ一致しており、学界の定説とみてよかろう。

この纏向遺跡の存在した期間は、『魏志』倭人伝に「一女子を立てて王となし、名づけて卑弥呼という」とある時期―二世紀後半ごろ―からはじまり、四世紀のなかばまで、約二世紀である。周知のようにこの期間には奈良盆地東部の山麓地帯に、北からかぞえて、西殿塚・行燈《あんどん》山・渋谷向山・箸墓・外山《とび》茶臼山・メスリ山と、いずれも墳丘長径二〇〇メートルを超え、最大三一〇メートル（渋谷向山）の巨大な前方後円墳六基が造られている。

この六基のうち、最後に造られたのは渋谷向山古墳で、四世紀中ごろの古墳と考えられている(5)。このころまで河内には二〇〇メートルを越える古墳は造られておらず、上記の大和盆地東部の六つの大古墳の被葬者は、大和を支配しただけでなく、河内とその周辺の地域をも支配した王と考えてよいであろう。そこで注目されるのは、六つの大古墳の造営が終る四世紀中ごろに、古墳時代前期における奈良盆地最大の集落遺跡である纏向遺跡も消滅していることである。

それは偶然とは思われない。纏向遺跡の出土品につぎのような特色のあることが認められるからである。その一つは、出土の土器は大和の国内のものだけではなく、九州北部から吉備・山陰の地域、さらに東は関東地方にいたる各地の土器が大量に出土していることである。物品を大和の有力者に貢納するだけでなく、労役のために各地の人びとが集められた可能性のあることが考えられる。

それ以上に注目されるのは、出土の木製の農耕具には（このころは鉄製農耕具は少なかった）、田畑をたがやすための農具である鍬より、土を掘る工具としても使われる鋤の多いことである。白石太一郎氏の指摘に従えば、弥生・古墳時代のほかの遺跡では、おおむね鍬七〇パーセント、鋤三〇パーセント程度であるのに対し、纏向遺跡では鋤が九五パーセントを占め、鍬は五パーセント程度しかない（白石太一郎『古墳からみた倭国の形成と展開』）[6]。こうした鍬・鋤のあり方からすると、纏向遺跡は普通の農業集落ではない特異な性格を持っていたとする調査者・橋本輝彦氏の指摘[7]はうなづけるとする白石氏の意見に、筆者も同意する。

纏向遺跡では、出土の土器が示すように、大和からは勿論、東西各地から多くの人びとを集めて、大きな土木工事の行なわれたことが想像できる。三・四世紀で大きな土木工事といえば、古墳の造営のほかにはそれほど多くはあるまい。纏向周辺には大きな川はなく、大規模な治水工事があったとは思われない。纏向の集落は、三・四世紀の王陵造営の基地となったのであろう。

都出比呂志《つでひろし》氏は、中国では国王の墳墓を造るとき、臨時に町を設け、陵邑と呼び、何万もの人を集め、その労働力で王の墳墓を造ったというが、纏向遺跡はその陵邑を思わせると言っている（『古代国家はいつ成立したか』[8]）。

して、きわめて重要なところであったのである。

その推定は当っているだろう。纏向遺跡は三世紀および四世紀中葉まで、大和の王の陵墓を造営する基盤の地として、きわめて重要なところであったのである。

原因は明らかではないが、おそらく後述のように、海外の諸勢力との関係が緊迫して巨大な王陵を造る余裕がなくなり、陵邑としての纏向の集落を維持することができなくなったためであろう。

しかし従来はそうとは考えず、三・四世紀の大和の巨大古墳を造営した大和の有力豪族の連合体は、「その生活の基盤ないし部族的基盤を奈良盆地の南部にもち」、そこが古墳造営の基地となって、「墳墓地は未開の原野に選定した」とする、一九八三年四月に近藤義郎氏の発表した説（『前方後円墳の時代』[9]）が有力であった。近藤氏は、古墳時代前期の四世紀後半までの巨大古墳だけでなく、中期に河内（和泉を含む）の古市・百舌鳥の地域に造られるところのより巨大な古墳も、前記の奈良盆地南部を地盤とする有力豪族の連合体によって造営されたとし、大和の大古墳も河内の大古墳も、造営の主体となる豪族連合は継続していて、大和政権から河内政権へといった政権の交替はない、というのである。

この説が以後の学界で有力となったことは、これを踏襲、あるいは敷衍する研究者が少なくないことで明らかである。そうした研究者の若干の例は、二〇一三年に発表した拙稿「日本古代国家の形成と河内政権」[10]（本書に第二章として収める）で挙げたが、念のために再言すると、考古学者では広瀬和雄、文献史家では和田萃・吉田晶・吉村武彦の諸氏である。

そのうち和田氏[11]は、大和の有力豪族の基盤とした地域は奈良盆地南部ではなく東南部とし、また大和と河内の両地域の豪族が協力して一体化し、河内の大古墳を造ったとし、近藤説と若干の相違があるが、大和政権と河内政権の対立を認めているのではない。基本的には近藤説を踏襲したものとみてよかろう。

このように多くの研究者によって支持されているが、近藤氏が大和・河内に巨大な古墳を造営した大和の有力豪族の連合体が、「その生活の基盤ないし部族的基盤を（奈良盆地の）南部に」もっていた、とする説は信頼できるのであろうか。この点については、本書第二章「日本古代国家の形成と河内政権」でも述べたが、節を改めてくわしく検討してみよう。

二　有力豪族集団の基盤の地はどこか

近藤氏の主張の根拠は、奈良盆地の南部に最有力豪族集団の存在したことを示す遺跡が存在するからではなく、盆地南部に多数の「古式小墳」が存在することに拠っている。

近藤氏のいう「古式小墳」とは、六世紀中葉以降に横穴式石室が普遍的な埋葬の構造となり、横穴式石室を備えた小墳（横穴式石室小墳）が現われてくるが、それ以前から存在する横穴式石室をともなわない小墳のことで、この古式小墳が奈良盆地の南部にきわめて多いことを指摘して、自説の根拠とするのである。

このことは本書の本編第二章に述べたが、念のために再説すると、近藤氏によれば、氏が自著『前方後円墳の時代』を執筆する当時（一九八三年）に知られていた畿内の各地域に存した古式小墳の数は、つぎのようである（『前方後円墳の時代』二九六ページ）。

大和　三千数百基
河内　二〇〇基以上

和泉	二〇〇基未満
摂津	二〇〇基未満
山城	三〇〇基未満

この数は、「各府県遺跡地図を参照した」もので、分布調査の網にかかったもののみであるから、「実数はいずれの場合もさらに多かったと考えてよい」と近藤氏は説明している。それはともかく、右の表は大和は他を圧して「古式小墳」の多いことが知られる。しかし大和の古式小墳がいつから多くなるか明らかでなく、三千数百基というのは、後述のように若干疑問があるが、近藤氏のいうように五・六世紀のころ、きわめて多数であったのは事実と思われる。またその小墳が奈良盆地にまんべんなく分布していたのではなく、さきにもふれたように奈良盆地南部に多く、三千数百基の八割強が集中しているというから、その数は二千四、五百基となるであろう。

しかし、四・五世紀において大和・河内を支配したという大和の有力豪族の連合勢力の基盤・地盤のあったことを示す遺跡そのものは、近藤氏の調査の段階では奈良盆地南部のどこからも出土せず、発見されていない。

換言すれば、奈良盆地南部には原野や丘陵に点々と古式小墳と思われる小さな土地の高まりが多数見られるだけなのである。纒向遺跡が発見される以前なら、遺跡の痕跡を示すものはあったけれど、千数百年のあいだに消滅したといえるかもしれないが、纒向遺跡には痕跡ははっきり残っているのである。南北柱間四間（総長一九・二メートル）、東西柱間二間以上（総長六・二メートル以上）の掘立柱建物の跡も発見された。盆地南部は小墳ばかりで、その後もそうした建物跡などの遺跡は発見されていない。

ということは、有力豪族の連合体があったとすれば、その地盤ないし本拠地は奈良盆地東南部の纒向やその周辺にあって、盆地南部ではなかったと解すべきではあるまいか。そして纒向遺跡が四世紀中ごろに消滅するのは、大和の政権をにぎっていた大和の豪族の連合体あるいは最大の豪族がこのころ解体・分裂したためと解することができるのである。

このようにみてくると、奈良盆地南部に二千数百基の古式小墳があったということは、盆地南部に小墳が多いことは事実としても、その実数については疑問が生じてくる。小墳の造られた直後なら、人工による小墳と自然にできる土地の高低とは区別できるだろうが、風雨にさらされた千数百年の後には、小墳と区別するのは困難なのではあるまいか。[12]もう一つ疑われるのは、盆地南部といえば橿原市を含み、そこには橿原考古学研究所があり、遺跡の調査が他の土地より綿密に行なわれたと思われるのである。この研究所は一九三八年に創設され、当初は末永雅雄氏の私塾のような個人的研究所であったが、その後一九五一年に奈良県立の研究所となった。当初は所員約二〇名、その後さらに増加した。この研究所でくわしい調査が実施されたのではなかろうか。他の地域でも綿密に調査すれば、古墳数はもっと増加するのではなかろうか。

また私の想像であるが、橿原研究所の報告には確実なものと不確実なものを区別されていたのを、遺跡地図に載せるときは、両者を区別することができず、多数になったということもありえるだろう。[13]

しかしそれはともあれ、有力豪族あるいはその連合体の基盤・地盤を示すと思われる遺跡は、奈良盆地南部からは検出されていない。考古学の常識からすれば、三・四世紀から五世紀にかけて大和と河内の地域を支配した有力豪族や有力豪族の連合体が、奈良盆地南部を地盤として存在したと認めることは困難であろう。

一方、奈良盆地東部山麓に造りつづけられていた大古墳は四世紀中葉に造られなくなり、そのあと半世紀たらずのあいだ、奈良盆地東北部の佐紀盾並の丘陵地帯西部に、五社神《ごさし》古墳（墳丘長二七八メートル。以下数字のみ示す）・佐紀石塚古墳（二二〇）・佐紀陵山古墳（二一〇）と、その西南の平野部に宝来山古墳（二二七）[14]、あわせて四基が築かれる。それ以前に築かれた六基の大古墳の最後は、渋谷向山古墳（三一〇）と考えられるが、この四基の古墳はいずれもそれより小さく、五社神古墳以外の三墳は二三〇メートルを下まわる。

ところが四世紀末以後、河内に造られる中期の大古墳ははなはだ巨大である。墳丘長四〇〇メートルを越える大仙陵古墳（現仁徳陵）・誉田《こんだ》御廟山古墳（現応神陵）は別格としても、上石津ミサンザイ（三六〇）・土師ニサンザイ（二八八）・仲ツ山（二八六）などと、大古墳が続々と造られる。それを思うと、奈良盆地の豪族層は、四世紀中葉または末以降、豪族集団の組織やその大首長を失って低迷したと考えざるを得ない。

三　四世紀の倭国と朝鮮

では四世紀後半以降に、それまで倭国の王として、倭国を支配していた有力豪族の集合体はどうして勢力を失い、低迷するに至ったのであろうか。

四世紀後半、いわゆる中国の正史には倭に関する記事はみえないが、海外からの圧力が影響したのではないかと思われる。

邪馬台国と通交した魏は二六六年に亡び、代って中国北朝の西晋が興るが、倭の女王（卑弥呼の宗女壱与か）の使者がこの年西晋に入朝する。その西晋は三一六年に五胡十六国の乱で亡び、三一七年より中国は南朝の東晋の時代となる。それから約百年たって、四一三年に、倭国は高句麗・西南夷とともに東晋に入朝、方物を献じたと『晋書』に見える。この間、倭国についての記事は中国正史に見えない。

しかし二六六年の魏の滅亡後から四一三年までのあいだ、倭国をめぐる東アジアの情勢が平安であったのではもちろんない。倭国と関係の深い朝鮮半島では、一九六年に豪族公孫氏が楽浪郡に侵入、楽浪郡の南に帯方郡を設け、楽浪・帯方の両郡を支配していたが、四世紀のはじめ、朝鮮の北に本拠をもつ高句麗が南下して、公孫氏を亡ぼし、三一三、三一四年に楽浪・帯方二郡を占拠して、三一七年には東晋に入朝して勢力を固める。

この形勢は朝鮮半島の南部に分立していた小国群をおびやかし、四世紀のなかごろには半島南西部の馬韓五十余国は統合して百済、ややおくれて半島南東部の辰韓十二国は統一して新羅の国を建てる。その両国の中間には弁韓十二国があったが、統一するに至らず、加羅（あるいは加耶）諸国とよばれ、分立を続けていた。

倭国が百済と交渉を持ちはじめるのも、ちょうどこのころである。『書紀』によると、神功皇后摂政四十六年（以下「皇后摂政」は略す）、倭は使者を遣わして加羅諸国の一つの卓淳国に行って百済への道をさぐらせ、これを知った百済の使者が卓淳国の仲介により、神功四十七年に倭国に至って、百済と倭との連絡が成立する。倭国も東晋の圧力が半島南部に及んでいたことを知っていたのであろう。

『書紀』の神功四十六年は、そのまま西暦に換算すると二四六年になるが、『書紀』の年紀は、そのころは干支二運百二十年繰り上げられているので、それを訂正して百二十年繰り下げると、神功四六年は三六六年、神功四七年は三六七年となる。百済や新羅が建国して、高句麗の南下や東晋の圧力に対抗しようとしていた時期である。このころ、百済が高句麗と戦って大勝したことが『三国史記』にみえるが、倭が百済に協力したのであろう。

三七二年にあたると思われる『書紀』の神功五二年の記事に、百済は七枝刀その他の珍宝を倭に献じたことが見える。この七枝刀に相当すると思われる七つの枝を持つ鉄刀が、現在、大和の石上神社（天理市）に蔵せられており、七支刀と呼ばれているが、それに刻まれた金象嵌の銘文によると、七支刀は三六九年に相当する東晋の太和四年に、倭王に献ずるために造られた刀であると解せられる。百済がこの年の高句麗との戦いに倭国の援助を得たため、その謝礼として造って日本に贈ったのであろう。

そう認めてよいとすると、このような変った形の刀をわざわざ造り、感謝の銘文を金象嵌で刻むというのは、倭国の協力が通り一遍のものではなかったことを思わせる。

四一四年に高句麗の好太王（広開土王）の功績を記念して建てられた好太王碑には、七枝刀が造られてから約二十年後の辛卯年（三九一）に、倭が海を渡って朝鮮の高句麗領内に拠点を設け、百済・新羅とともに高句麗と戦ったことが刻まれている。銘文には、倭が「破百残□□新羅、以為臣民」と記す（百残は百済に同じ）が、それは高句麗の見かたで、倭が百済や新羅とともに高句麗と戦ったと解してよいだろう。

碑によれば、こうした高句麗との戦いは数度あり、時には高句麗は「歩騎五万」と称する大軍を発し、倭・済の軍を撃退したとあるが、四〇四年（甲辰）には倭が逆襲して、「船を連ねて」帯方の地に侵入したことも記されている。高句麗の強力な騎馬軍に対し、倭は水軍を以て対抗したことが察せられる。

こうした戦いは、好太王碑には前記したように三九一年以降に見えるが、三九一年は好太王が高句麗王の位についた年で、碑にはそれ以前のことは記されていない。おそらく倭の半島への出兵は、百済より七枝刀その他の重宝を贈られた三七二年以後まもなく始まったのであろう。

なお倭の半島出兵は百済を助けるためだけではなく、当時鉄の産地として重要であった加羅諸国を倭の勢力下に置くためでもあったと思われる。高句麗との戦いによって、倭は鉄の必要性・重要性をいっそう痛感したであろう。

このような朝鮮半島南部をめぐる緊張した情勢に対応するために、倭国は大王陵の造営に従来通りの力を注ぐことができなくなったのではなかろうか。

大王陵をりっぱに造ることは、大王の権威と地位を高め、国家の統一を進めるのに有益であろう。しかし朝鮮半島の緊迫した情勢に対応するのに、日本列島の中心地域にりっぱな大王陵を造ることが、そんなに役立つとは思われない。必要なのは、甲冑に身を固め、鋭利な武器を持つ兵士と、兵士を朝鮮に送る船と水夫である。馬や馬具もやがて必要となる。そうなってくると、纏向の集落を維持する必要性は低下する。

けれども、高句麗と戦うための人や物を集めるには、大王の権威・権力はやはり必要である。大王陵はそのために役立つであろう。いままで通りというわけにはいかないが、大王陵の造営を放棄することはできない。

倭国の支配者は迷ったすえに、纏向の集落を廃止し、佐紀丘陵西部とその西南の平野にいままでの大王陵より平均すると小さい佐紀石塚・佐紀陵山・五社神・宝来山の四古墳を造ったのであろう。その四古墳に低迷の相があるのはそのためと思われる。纏向集落の廃止や佐紀四古墳造営の開始が四世紀の中ごろであるのはその通りだが、倭国の使者がはじめて卓淳国に行ったのが三六六年であることよりすると、従来いわれていたより十年ぐらい下げた方がよいかもしれない。

四　津堂城山古墳の出現と河内の新文化

佐紀丘陵の西のはしとその西南の地に佐紀石塚以下の四墳が造られたあと、時間的にはこれに引きつづく四世紀末期に姿をあらわすのが、河内平野南部の古市地区（藤井寺市・羽曳野市）の津堂城山古墳である。いつから古墳時代は中期となるかは、研究者によって若干のちがいがあると思うが、この古墳はその過渡期の古墳と考えてよかろう。その大きさは墳丘全長二一〇メートルで、それより大きい前期の古墳は大和に少なくないが、津堂城山古墳はそれまでの前期の古墳になかった二重の周濠を持ち、さらにその外側に周庭帯と呼ばれる幅八〇メートルの空地をめぐらすという、堂々たる規模・形態で、新しい時代の到来を思わせる。これが大和の政権によって造られたか、河内の勢力によって造られたかが、本節の課題である。

なお周庭帯の存在は、飛行機を利用して空から古墳をたびたび観察した末永雅雄氏の発見で、周庭帯という名も末永氏の命名である。それは中期の大古墳に付設されることが少なくないが、前期の古墳にはみられない。大王の権威が前期古墳の時代より一段と高まったことを示すもののように思われる。

つぎに古墳の主体部である被葬者埋葬の施設や副葬品について述べるが、最近この古墳の存在する藤井寺市の教育委員会から、同教育委員会報告三三集『津堂城山古墳』という大冊の報告書と、それを要約して解説を加えた論考「津堂城山古墳」(『ヒストリア』二四〇号、執筆責任者・岸本直文氏)が出た。[15] 以下の筆者の所論は、この報告書と解説によるところが少なくない。引用する場合は、前者を『津堂城山古墳』A、後者を「津堂城山古墳」Bとする。

まず津堂城山古墳の被葬者の埋葬施設や副葬品ついて述べるが、津堂城山の名が示すように、中世には山城として利用されたため、埋葬施設は破壊され、副葬品も散逸したものが少なくないことをはじめにことわっておく。

さて被葬者の墓室であるが、後円部の頂上をすこし掘りさげて造られている。現状では長さ約六メートル、幅約二メートルの石室で、長持型石棺が置かれている。従来の長さ一〇メートルを越える長大な竪穴式石室と割竹型木棺にかわって、短く幅広《はばびろ》の竪穴式石室と石棺からなる新たな組合せが採用されている。

福永伸哉氏によると、この組合せは「王墓を含む最有力古墳」に用いられ、これより一段下位の「地域首長の古墳には木棺を粘土で覆った粘土槨が普及する」（福永「検証―河内勢力新王権の成立はあったのか」[16]〈『歴史読本』八九四号、二〇一三年一二月〉）という。福永氏は、長持型石棺は津堂城山古墳のものが最古形式で、この古墳の被葬者の葬送にあたって、新たに考案された棺構造と見ることができるとする[17]。同氏によれば、木棺を粘土槨で覆った古墳は、前期中葉の大阪府富田林市真名井古墳がもっとも古く、比較的初期のものには、羽曳野市庭鳥塚古墳の例があるという。そして氏は、「現状の資料による限り、粘土槨の出現地は、初期ヤマト政権の本拠地である大和盆地東南部でなく南河内の地域にある可能性が濃厚なのである」と論ずる（前掲論文）。大和の前期の古墳にも、天理市の東大寺山古墳や磯城郡川西町の島の山古墳などは粘土槨を持つ古墳があるが、大阪府（河内）の真名井古墳などより遅れて造られたと見るのである。

福永氏によれば、粘土槨で木棺を覆う古墳造営の新しい形式は、大和でなく、河内にはじまり、大和がそれを追随した可能性が濃厚と思われるが、さらに福永氏は粘土槨に覆われた木棺は、割竹型木棺ではなく、底の平らな箱型であって、「初期ヤマト政権が創出した長大な割竹型木棺を意図的に避けた可能性さえ想定できる」とする。

このように河内南部の古墳は、前期の半ばすぎから、大和とはことなる形態の古墳主体部を持つ傾向があらわれるのであって、古墳時代前期における大和の勢力の河内支配は、それほど強力でなかったと思われる。すなわち河内には大和に起源する古墳とは別系統の新しい古墳があらわれる。河内独自の勢力が高まってくると考えられるのであるという。

その傾向は古墳の副葬品にも見られる。副葬品でとくに注目されるものに、三角板革綴《かわとじ》短甲の一部と考えられる鉄板がある。「津堂城山古墳」Bによれば、その鉄板は「それまでの方形板短甲から、帯金《おびがね》とよぶフレームで枠を作り、間に鉄板を綴《と》じ付ける技術革新を遂げた新しい短甲の一部をなすもので、津堂城山古墳のものは、帯金式短甲のなかでも最も古い事例である、という。

　福永氏によれば、四世紀後半の古墳の副葬品として注目されるのは、仿製三角縁神獣鏡と帯金《おびがね》式短甲で、一定期間共存していた。しかし三角縁神獣鏡は前期の大和政権の中心地域である大和盆地東南部の古墳から出土することが多く、帯金式短甲は河内平野の古墳から出土することが多く、「両者が同じ埋葬施設において確実に共伴した例は知られて」いない、こうした資料的状態からすると、「仿製三角縁神獣鏡を政治的に利用した勢力と帯金式短甲を利用した勢力は、各地の首長との間にそれぞれ異なる政治系列を作りあげる動きを別個に進めていたとの理解に至る」とし、つぎのように結論する。

「初期大和政権を主導的に運営した大和盆地東南部勢力から、巨大な古市・百舌鳥古墳群を造営しうる政治権力を伸張させた河内勢力へと、倭の盟主権が移動したととらえるのが、もっとも妥当」である（八四ページ）と。これはまさに私の言いたいことなので、長くなったが引用させていただいた。但し「盟主権」という語は、学界では十分に熟していないと思う。「倭の勢力の中心」と言いなおしておきたい。

　なお氏はこれにつけ加えて、つぎのように説明する。「四世紀後半の一時期に大和、河内という新旧勢力の間に主導権争いが起こり、やがて古市・百舌鳥古墳群の造営者を核とする河内の新興勢力が各地の首長系列を刷新しながら中央政府の主導権を握るに至ったという理解が、資料の状況をもっともうまく説明できるよう思われる」（八四ページ）と。なお福永氏の意見については、二〇一三年一一月刊『岩波講座日本歴史』第一巻所収の同氏論文「前方後円墳の成立」を参照されたい。

古い大和の勢力と新しい河内の勢力とは協力して大きな勢力となったのではなく、両勢力は倭国の支配権をめぐって争っていたと考えるべきであろう。両者は、白石太一郎氏のいうような同盟の関係にあった[18]のではなく、四世紀後半以降、両者の対立は次第に顕著になり、大和の勢力が衰え、河内の勢力がこれを圧倒して盟主権を得て、倭国の政権を掌握したと理解すべきであろう。

そのことは、前述の奈良盆地の古墳から仿製三角縁神獣鏡が出土し、河内平野の古墳からは帯金式短甲が出土していることにもあらわれている。古い伝統をもつ大和からは、神権的司祭者（神威を背景とする神官）と関係の深い鏡が出土し、新興の河内からは、世俗的権力者にふさわしい短甲が出土することに象徴的に示されるが、津堂城山古墳からは、前述のように帯金式短甲の部品である革綴《と》じの鉄板が出土しているのである。

『津堂城山古墳』Aによると、この古墳の出土品には短甲に用いられたと思われる鉄板は二枚あり（現状では一枚は三角形、一枚は菱形）、ともに革綴《かわとじ》のあとのある穴をとどめ、「三角板革綴短甲を構成する部材」と推定され、その筆者は「その有する意義はきわめて重要」と結んでいる（『津堂城山古墳』A、二二五ページ）。

このほか、津堂城山古墳には鉄製の刀剣が多量に副葬されていたと思われることなど、河内の中期古墳の特色がすでに現われている。紙面の関係で省略するが、津堂城山古墳が大和の有力豪族集団の支配を脱した河内の有力者によって築造された古墳であることは、明白といってよかろう。そうしてこれ以後、河内に巨大古墳を築いた有力者は、大和の豪族ではなく、それとは系統をことにする河内の有力豪族であったと考えられる。倭国の支配者は大和政権から河内に生まれた政権へ移った。すなわち政権の支配者は大和の豪族集団から河内の豪族集団へと転換したのである。

五　応神天皇は変動期の天皇

本書に収めた他の論文でもくりかえし論じたように、四世紀の末ごろから倭国の政権を掌握する勢力＝豪族集団の所在地は、大和から河内にかわり、河内に巨大な古墳が築かれるようになる。それは政権の所有者が大和の有力豪族より河内の有力豪族に代わったことを示す、すなわち政権が交替したと考えられる。

しかし、これもすでに述べたことだが、古代史の学界では、四世紀末以降も大和の豪族集団が引きつづき政権を掌握していたとする研究者が多い[19]。四世紀末にそれほど大きな政治の変化が起こったのではないと見るのである。しかしその時期に天皇の地位にあったと伝えられる応神天皇は、大きな政変の渦中にあった天皇であることを思わせる多くの伝承を持っている。政変のあったことを示唆し、証明する天皇であるともいえる。研究者の多くが、いわば政権交替の歴史の鍵を握ると言ってよい応神天皇に関心を示さないことは、私には不満である。

応神天皇が変動期の天皇と考えられる上で注目すべき現象は少なくないが、その第一にあげたいのは、第一代の神武天皇から応神の父とされる十四代の仲哀天皇まで、実在性の不確かな天皇を含めて、河内の地域に宮を置いたとされる天皇は一人もいないことで、応神は河内に宮を置いたとされる最初の天皇である[20]。それ以前の十四人の天皇のうち、十二人は大和、一人（成務）は近江、一人（仲哀）は長門と筑前に宮を置いたという。

第二に注意されるのは、応神までの十四代の天皇の和風謚号は、成務のワカタラシヒコのように簡単なものもあるが、多くは安寧がシキツヒコタマテミ、開化がワカヤマトネコヒコオオヒヒ、景行がオオタラシヒコオシロワケなど複雑な名であるのに対し、応神以後は応神がホムダワケ、仁徳がオオサザキ、履中がイザホワケと簡単になり[21]、史実性・実在性が高まる。

第三に注目されるのは、『記・紀』ともに応神天皇から始まる天皇の系譜が、武烈天皇で絶えることである。とくに『書紀』では、応神・仁徳の父子を聖天子、武烈を暴虐な天子とする。これは一つの王朝が聖天子から始まり悪天子で終るという中国の歴史観の影響のあることを思わせるが、応神から新しい時代が始まったことを示している[22]。

第四に、応神は父の仲哀天皇が死んだのち、母の神功に神が下って生まれた神の子と伝えられているが[23]、もちろん事実ではない。しかしそのような伝承があるのは、応神が新しい大王家の創始者、すなわち初代の王と考えられていたことを示すものである。

第五に、応神が生まれながら「鞆《とも》の如き宍《しし》、御腕にありき」といわれる異相のあったことが『記・紀』にみえるが、インド・ヨーロッパ語族の神話では、太陽神の子は太陽神が身につけている武具の一部を、身体の一部としているという[24]。鞆は弓を射るときに手首《てくび》につけるまるい形の防具であるから、このことも応神が神の子と信じられていたことを示す。

第六に、これは調べてみてわかることだが、筆者の調査によると、天皇の子孫を祖先とするいわゆる「皇別」氏族の出自となる天皇は、多くが応神とそれ以前の天皇であることが注意される。それはすでに述べたことがある[25]ので、具体的な数は省略するが、このことは、応神とそれ以前の時代は、氏族の祖先が姿をあらわすのにふさわしい神話的な時代と考えられていたことを示す。筆者は別稿[26]で、応神以前は神代または神代に準ずる時代とする考えがあったと論じたが、応神朝に新しい王家が生まれたとする筆者の推定を補強してくれるであろう。

右の第六の問題だけでなく、第一から第五までの問題も、応神朝に新しい王家が創始されたことを示唆していると言ってよいであろう。三—四世紀に倭国を支配していた豪族集団が四世紀末以降もその権勢を維持して、倭国を支配していたなら、新しい王家の出現を示唆するこれらの伝承はどうして生まれたのであろうか。

三—四世紀の倭国の政治は、大古墳の副葬品に三角縁神獣鏡が重視されていたことでもわかるように、祭祀が重んぜられていたが、五世紀の大古墳では千を単位とする鉄製武器が副葬されていて、武力を重んずる時代に変化したことは広く知られている。政治の中心勢力が変化しないでいて、このような見事な政治の変化ができるであろうか。古い政治権力は纏向遺跡とともに衰え、新しい政治権力は新しい王家を擁して、津堂城山古墳を造営して発展したのである。

最後にひとこと付け加えておきたいのは、日本古代の政治史を論ずるにあたり、大きな変化が起ったと考えられる応神天皇の時代を無視する人がなぜ多いのか、ということである。日本史には波乱が少なく、万世一系とはいわないが、日本国は古代以来、おだやかに経過したことにしたい人が多いことの反映でなければ、幸いである。それはともあれ、応神朝を無視しては、日本の古代を正しく理解することはできないであろう。心配なのは、筆者の老化や不勉強のため、見落とした研究のあることで、もしあれば深く陳謝する。

注

（1）倭国の倭は大和と同じ意味に使われることもあるが、ここでは倭国は大和・河内の政権の支配下にあった日本列島の中央部を領域とする国家を指す。

（2）拙稿「日本古代国家の成立と河内政権」（本書本編第二章所収）参照。

（3）四世紀末に河内に強大な勢力が起り、それまで有力であった大和の政権にとって代ったことは、一九六四年に拙稿「応神王朝論序説」（拙著『古代河内政権の研究』二〇〇五年、所収）を発表して以来、いくつかの論文でくりかえし述べた。
（4）木下正史『倭国のなりたち』（二〇一三年、〈吉川弘文館〉一六一ページ）参照。
（5）白石太一郎『近畿の古墳と古代史』（二〇〇七年、学生社）その他。
（6）白石太一郎『古墳からみた倭国の形成と展開』（二〇一三年、敬文舎）九三ページ。
（7）白石太一郎氏によれば、橋本輝彦氏は東海地方をはじめ山陰・吉備など各地からの土器が纏向地域から出土することを指摘しているとのことである。上掲論文九三ページ。
（8）都出比呂志『古代国家はいつ成立したか』（二〇一一年、岩波新書）
（9）近藤義郎『前方後円墳の時代』（岩波書店）
（10）注（2）に同じ。
（11）和田萃著『古墳の時代』（『大系日本の歴史』第二巻、小学館、一九八七年）参照。
（12）小古墳と思って発掘したが、何も出なかったということを、私は大阪市立大学の助手時代、古墳の発掘を手伝って体験したことがある。古墳でなかったために報告書には書かれないが、同様な体験のある人は、ままあるのではなかろうか。
（13）古墳の発生は、吉備地方の墳丘墓にはじまり、その影響のもと、大和では纏向の地に初期の前方後円墳があらわれるという考えが現在では一般的であると思うが、そうした考えは終戦直後は一般化しておらず、大和南部の小墳のなかに発生期の古墳があるのではないかとする意見もあった。私は終戦後まもない時期に、京都大学を退官された西田直二郎先生のお伴をし、末永雅雄氏の案内で奈良盆地南部を歩いたことがあるが、その時古墳の発生について右のような考えに末永氏が関心を持っていることを知った。橿原考古学研究所のある大和盆地南部に小墳が多数報告されているのは、末永氏の考えに影響されて、小規模古墳が熱心に調査されたからではないかと、ひそかに思っている。
（14）宝来山古墳の墳丘長は現在二二七メートルと計測されているが、白石太一郎『古墳からみた倭国の形成と展開』（注6参照）によると、近世に周濠の堤のかさあげをした結果で、本来の墳丘長は約二四〇メートルであったという（前掲書一九八ページ)。

(15)『津堂城山古墳』と『ヒストリア』二四〇号の両書はともに二〇一三年刊。後者所収の論文「津堂城山古墳」は、続日本紀研究会の企画委員会の著(文責・岸本直文)である。

(16)福永氏は、この論文に先立って、二〇一一年に『古墳時代政権交替論の考古学的再検討』という大著を、研究代表者として大阪大学大学院文学研究科より刊行している。拙稿に紹介した『歴史読本』二〇一三年一二月号に掲載の福永論文の基礎となった研究と思われる。

(17)白石太一郎氏によると、佐紀陵山古墳に「一種の長持型石棺」があり、佐紀石塚古墳・五社神古墳・宝来山古墳にも長持型石棺があったらしいとするが、いずれも盗掘によって知られるのであって、正確な形状は明らかではない。田中琢・佐原真編の『日本考古学事典』(二〇〇二年、三省堂)の「長持型石棺」の項には、「四世紀後半の大阪松岳山古墳の組合式箱形石棺(花崗岩・香川県鷲ノ山石製)が祖型とみられ、四世紀末の大阪津堂城山古墳例から五世紀末の岡山朱千駄古墳例まで存続し、五世紀を代表する例となる」(和田晴吾)とあり、佐紀陵山古墳以下の四古墳の例にはふれていない。盗掘で知られ、正確な資料がないからであろうか。

(18)白石太一郎『古墳とヤマト政権』(文春新書、一九九九年)

(19)大和の豪族ないし豪族連合が、四世紀末以降も引きつづき存続して河内に大古墳を造ったとする研究者については、拙稿「日本古代国家の形成と河内政権」(本書本編第二章所収。初出は二〇一三年一月)で、その一部を示した。近藤義郎・広瀬和雄・和田萃・吉田晶・吉村武彦(筆者の取りあげた順に記す)の諸氏である。

(20)ここでいう河内は、律令制下の河内国ではなく、淀川(山代川)の東の地域を指し、律令制下の河内と摂津の東南部を含む。拙稿「摂津国の成立」(直木『日本古代の氏族と国家』吉川弘文館〈二〇〇五年〉所収、初出二〇〇二年)と、拙稿「摂津国の成立再論」(本書外編第二章所収)にくわしく述べた。

(21)ただし六世紀以降には、実在の確実な天皇でも、欽明が天国排開広庭天皇、敏達が渟中倉太珠敷天皇とされるなど、装飾の多い和風諡号をもつものが少なくない。四世紀代やそれ以前の天皇の和風諡号に装飾が多いのは、六世紀以降に造作された天皇であることによると、一応考えているが、なお検討したい。

(22) 拙稿「河内政権の成立と応神天皇」（本書の本編第一章）、とくに二一ページ参照。

(23) 応神天皇が神の子と考えられていたことは、拙稿「応神天皇の誕生」（拙著『古代河内政権の研究』〈塙書房、二〇〇五年〉初出は二〇〇三年）に詳しく述べた。なお拙稿「河内政権の成立と応神天皇」（注（22））でも述べた。

(24) 篠原幸久「応神天皇の始祖王像について」（『続日本紀研究』二五五、一九八八年）参照。

(25) 拙稿「応神王朝論序説」（拙著『古代河内政権の研究』所収、とくに四一ページ以下、注3参照）で論じたが、本書本編第四章所収の拙稿「応神天皇朝で変わる日本古代史」でも述べた。

(26) 拙稿「山根徳太郎の難波宮研究」（本書本編第三章所収）。

あとがきに代えて
―漢風諡号「応神」の意味―

筆者は、本書の題名の一部にもなっている応神天皇のことを、諸方面から考察して、いくつかの論考を公けにした。その多くは本書本編におさめたが、「応神」という漢風諡号について詳しく論じたことはなかった。改めて諡号「応神」について考えたところを記して本編のあとがきとする。

古代の天皇の多くは、「いみな」として和風諡号と漢風諡号とを持つことは、よく知られている。二、三の例をあげると、応神天皇の和風諡号は誉田《ほむだ》、漢風諡号は応神、仁徳天皇の和風諡号は大鷦鷯《おおさざき》、漢風諡号は仁徳、雄略天皇の和風諡号は大泊瀬幼武《おおはつせのわかたける》、漢風諡号は雄略である（『古事記』の和風諡号は省略）。

天皇の実在が確かになる応神以降では、和風諡号には天皇の生前の居所および名、敬称などさまざまの名称が用いられ、字数も一定しなかったが、漢風諡号には中国の古典にもとづく漢字二字の嘉名が多い。『記・紀』とともに、著作された奈良時代初期には天皇の名は和風諡号で記され、漢風諡号で天皇を記すようになるのは、奈良時代後期（八世紀後半）になってからであることは、広く知られている。中国のことをよく知るようになると、中国の帝王の名の多くが二字で書かれているのにならって、漢風諡号を案出したのであろう。

この漢風諡号の作者については明確ではないが、鎌倉時代末期に成立した『日本書紀』の注釈書『釈日本紀』の述義五に、「私記曰、師説、神武等諡名者淡海御船、奉勅撰也」とあるのが有力な史料である（淡海御船は淡海三船とも書く）。ここに見える「私記」は、坂本太郎氏が論文「列聖諡号の選進について」（『坂本太郎著作集』七、吉川弘文館、一九八九年）で指摘したように、元慶または承平・延喜（九世紀末ないし十世紀初め）のころのものと考えられ、淡海三船在世（七二二—七八五）の時より百年前後（正確には百年余り）のちのころの説であるから、天皇の漢風諡号を、淡海三船の選進とする説が有力である。

筆者も淡海三船説に従っているが、筆者が問題にしたいのは、漢字二字から成る各天皇の漢風諡号の意味である。その諡号の出典については、小学館版『日本書紀』の注釈（小島憲之・西宮一民等五人の著、一九九四—一九九七年、三巻）に詳しい解説があるが、どういう理由でそのような意味のある語が、それぞれの天皇の諡号に選ばれたか、十分な説明はない。天皇とその漢風諡号の関係を詳論した研究が公けにされているかどうか、筆者はつまびらかにしないが、『記・紀』を精読した人には、天皇の経歴や治績と諡号の間には、何らかの関係があるらしいと思っている人が少なくないであろう。

だれでもすぐに気づくのは、応神天皇のつぎの和風諡号大鷦鷯天皇の漢風諡号の「仁徳」は、民衆の貧苦をあわれんで三年のあいだ課役を免じたという仁慈の行ないによる命名であり、第二十一代の大泊瀬幼武天皇の諡号「雄略」は、政略・戦略にすぐれ、倭国の版図をひろげ、国力を高めたことにもとづくらしい、などである。和風諡号男大迹《おおど》天皇の漢風諡号の「継体」は、前代の武烈天皇にあとつぎがないために世の中が乱れたとき、応神天皇の五代の孫と称して近江から現われ、武烈のあとを継いだことで、倭国の国体を継いだ天皇として、「継体」の諡号が与えられたと考えられる。和風諡号が豊《とよ》御食《みけ》炊屋《かしきや》姫で、「推古」を漢風諡号とする天皇は、治世の二十八年に「皇太子」（厩戸皇子）と「島大臣」（蘇我馬子）が共に議《はか》って、天皇紀・国記等を録したと伝えられることによると思われる。

これほど明瞭ではなくても、仁徳天皇のつぎの和風諡号去来穂《いざほ》別天皇の漢風諡号が履中天皇であるのは、治世において中正の道を摂ったことにより、そのつぎの瑞歯別天皇の漢風諡号が「反正」であるのは、世が乱れたのを正しい状態にかえしたことにより、漢風諡号「武烈」は、罪のない人をたくさん殺すという暴虐の行ないがあったことによるのではないか、と推測する人も少なくはあるまい。

では和風諡号誉田《ほむだ》天皇（『古事記』は品陀和気命）の「応神」という漢風諡号は、応神の治世・治績のなににによるのであろうか。小学館本『日本書紀』の注釈には、「神託による聖誕に基づく」とあるが、それだけでは不十分で、命名の理由は十分に理解できない。おそらく多くの研究者は、応神が「神」の語を含むところから、初代の天皇「神武」に対応する諡号と考えているのではなかろうか。

「神」の語が天皇の漢風諡号に使われている例は少なく、第一代の神武と第十五代の応神とその中間の第十代崇神の三例しかないから、「応神」が「神武」に対応する称号であることは、十分に考えられる。しかし、ホムダワケ（応神）とイワレヒコ（神武）のどこが対応するのか、「神」の語が共通するというだけでは十分な説明とはいえない。第十代の崇神の場合は、天皇の夢に大物主神があらわれて下《くだ》した託宣に従い、大物主神の子・大田田根子を探しだして大物主神を祭らせたという伝承が『記・紀』に見え、それによって「崇神」の諡号が作られたと考えられるが、誉田《ほむだ》天皇の場合は、そうした漢風諡号の理由となる伝承が明らかではない。

通説では応神は河内の地に都を置いた最初の天皇であるが、とくに有力な天皇とは認められず、それ以後天皇陵は河内に造られるようになるが、政治上の権力を握っているのは、四世紀以来引きついで大和盆地南部の豪族集団にあって、河内に造られる天皇陵も、この豪族集団の力によるとする説が従来は有力であった。奈良盆地東南部の纏向にあった豪族集団が、それを引きついだとする説があるかもしれない。また天皇家が河内に都を置くのも、応神以後二、三代で、都はふたたび大和盆地へもどる。天皇の陵墓も応神以後は河内に造られるが、造るのは河内に都を置く天皇ではなく、大和の豪族集団であるとするのが、上記のように有力な意見である。

この通説となっている有力説に立てば、ホムダ天皇（応神）は、それ以後の諸天皇と権力や独自性において、さしたる違いはないことになる。いわゆる並び大名の一人にすぎない。それでは彼一人が神武に対応する「応神」の諡号を持つのは、不合理・不適当である。

しかし、神武の即位によって終るのを第一の神代、これにひきつづいて応神の出現するまでを第二の神代とする筆者の考えを導入すれば、疑問は解決する。神代が二つあることは本編所収の論文（とくに本編の「序論」および第三章「山根徳太郎の難波宮研究」）で述べたが、改めて略述すると、第一の神代は『記・紀』の神代の巻にみえるもので、従来の神代に相当する。第二の神代は、神武から応神に至るあいだで、人が主体であるが、神の託宣が大きな力を持っており、本来の神代から応神以後の人間中心の時代となるまでを、筆者は過渡期の神代とも呼んでいる。

応神天皇朝において神代はまったく終息し、名実ともに人間中心の時代が始まる。応神はその時代の最初の天皇である。再言するなら、本来の神代を終らせた「神武」に対し、過渡期の神代を終らせた天皇であるホムダワケの諡号に「応神」を選んだのである。まことに妥当な命名である。

最後に、応神が都を造った難波津をほめたたえて、「うべし神代ゆ　はじめけらしも」（『万葉集』）とうたった大伴家持と漢風諡号を作ったと思われる淡海三船の関係について一言する。

三船の生まれは養老六年（七二二）で、和銅四年（七一一）ごろの生まれと考えられる家持より十歳ほど若いが、没年はともに延暦四年（七八五）で、ほぼ同時代の人とみてよいであろう。三船の経歴のうち、家持との関係で注目されるのは、三船が聖武天皇の没した七五六年（天平勝宝八）に朝廷を誹謗して人臣の礼を欠くという罪で、大伴古慈斐とともに左右衛士府に禁固されたことである。事件の真相は明らかではないが、大伴氏とともに三船も、当時の政界では主流の立場でなかったことが察せられる。彼が、のち大学頭を勤め、文章博士になって、学問・文学に関心が深かったのは、このことと関係するのかもしれない。僧鑑真の伝記『唐大和上東征伝』を著し、七五一年成立の『懐風藻』の編者とする説もある。しかも淡海三船は兵部大輔から左遷されて、神護景雲元年（七六七）八月に大宰少弐となり、大伴家持は信部（中務に同じ）大輔から左遷され、薩摩守をへて、同じ神護景雲元年八月に大宰少弐に任ぜられた。同じような境遇の二人は、大宰府の同じ少弐として親交を結んだと一応は考えられるが、これよりさき、三船は天平勝宝八年（七五六）五月、人臣の礼を欠くかどにより、家持の同族大伴古慈斐とともに衛士府に禁錮された。このとき三船は古慈斐を讒言して許された、ということが『続日本紀』にみえる。この事件のために家持は三船をこころよく思わなくなったと考えられるが、この事件によって大伴氏一族の内部で、古慈斐の地位が下って、家持が族長の地位に近づいたかもしれない。三船と家持の関係は微妙なもので、大宰府で親交を結んだとは簡単に言えない。しかし、同じ大宰少弐として、二人の関係が深くなったことは否定できないだろう。三船は神代のことを歌いこんだ家持の難波津の歌（『万葉集』四三六〇―四三六二）「私の拙懐を陳ぶる歌一首并短歌」を、『万葉集』が編集されるまえにみた可能性は大きい。それも「応神」の諡号の成立に何等が影響したのではないかと思われる。

外編

第一章　日本の古代国家の特色
―中国古代と比較して―

はじめに

昨年（二〇一〇年）の秋、中西智海先生喜寿記念の論文集への寄稿を求められたが、その時私はすでに年九十を越えており、この年ではまとまった論文を書くことはできないと思って、辞退を申し出た。ところが随筆風のものでもよいという趣旨の返事を中西先生よりいただいた。そのお言葉に甘えて、私は日本の古代について近ごろ考えていることの大略をエッセイ風に素描《デッサン》してみたいと思い立って草したのがこの小文である。はじめにそのことをお断りしておく。

なぜいまさら〝日本の古代〟かというと、二〇〇九年『日本に古代があったのか』[1]という刺激的な題名の書物を読んだことによる。それは評論家・研究者として著名な井上章一氏（日本文化研究センター教授）の著で、氏は主として東洋史の大家宮崎市定氏（京都大学名誉教授、一九九五年没）の研究[2]によって、日本にも当然古代はあったと考える通説を疑わしいとするのである。

宮崎説を簡単にまとめると、中国の歴史では古代は殷・周の時代にはじまり、春秋時代の都市国家の時代をへて、戦国時代には都市国家に代って領土国家が対立する時代となるが、紀元前三世紀以降には秦・漢が中国全土を統一して強大な大帝国を建設する。中国ではここまでが古代で、以後は地方分権の中世となる。後漢の亡んだのちは魏・呉・蜀の三国時代、三国は一度は統一されるが長くは続かず、南朝と北朝の対立する南北朝の時代となり、七・八世紀には隋・唐の統一国家が成立するが、八世紀中葉からは内乱があいついで唐も衰亡、一〇世紀以後は半世紀のあいだに五つの王朝が興亡する五代の時代となる。つまり、飛鳥・奈良時代の日本が手本とした隋・唐は、古代ではなく、宮崎説では中世なのである。

東洋史の時代区分をこのように考え、隋・唐を中世とみるのは宮崎氏だけではなく、日本の東洋史家のあいだでは、宮崎氏の先輩の内藤湖南以来の有力説で、古代とする研究者は少数なのである[3]。また世界史的にみても、古代の最盛期は、東洋では前述のように前三世紀から後二世紀まで（秦・漢）、ヨーロッパではローマの最盛期が前三世紀から後四世紀（帝政は前一世紀以降）で、日本が八世紀に古代国家というのは、あまりにおそくはないか、というのが、井上氏の意見である。

宮崎氏は日本は後進国だから八世紀にようやく古代国家を形成したと見て、日本に古代はなかったというのではないが、井上氏は、ヨーロッパの後進民族であるゲルマンは、ローマ帝国が衰亡し、中世に移行する四・五世紀にローマ帝国に侵入し、ローマの影響のもとに中世的国家を形成する。日本の国家形成も、中世（封建）国家からはじまり、古代国家の段階を経なかったとみる方が、スッキリする、というのが井上氏の説である。

私自身は、宮崎氏と同様、日本は後進国であるため、七・八世紀にようやく古代国家の段階に達したものと考える。従来の国家論とアプローチの方法が違うが、以下に考え得たところを略述する。

一　論語の人びと

私の考えるところ、人間ははじめ、長いあいだ原始共同体を営んでおり、古代国家はこの原始共同体から生まれたのであろう。このことは人間の歴史上、きわめて大きな進歩であった。原始共同体―末期には氏族共同体とも呼ばれたようであるが―の崩壊によって、人間ははじめて個人として独立して個性を持ち、理性を発達させることができた。人間の歴史的発展はここより始まると言ってよい。

古代におけるその経過は、東アジアではおそらくつぎのようであったと思われる。この地域の先進地の中国では、殷の後期から周の始めにかけてのころ、都市国家が成立する。それは城壁にかこまれた地域に、王と貴族とそれに従う氏族および原始共同体末期の人々が集住する都市であるが、狭い土地で共同の生活を営むうちに原始共同体は分解して、その成員は都市国家の民衆すなわち平民となる。平民は都市国家の攻防の戦いなどの機会に次第に権利を伸ばし、王・貴族や奴婢以外は士族と同じ権利を持つ市民に成長する。

こうして都市国家の中では個人が独自に個性と理性を発展させることが可能になった。孔子が生まれたのは春秋時代末期の紀元前五五一年のことであるが、このころから戦国時代（晋が三国に分裂する前四〇三年以降）にかけて、孔子・孟子などの儒家、墨氏の墨家、道教を説く老子、また法家など、諸子百家と呼ばれる多数の思想家・学者が輩出した。ヨーロッパでも古代ギリシャにおいて、中国とほぼ同じころにポリスと呼ばれる都市国家が発達し、タレス・ソクラテス・プラトンなどの哲学者、ピタゴラスなどの科学者が多数あらわれて活動した。

このように原始共同体の社会を解体させ、個人の独立と理性の発達によって新しい文化を生み出した都市国家の成立は、宮崎市定氏が早くから指摘しているように、青銅器文化の発展によると思われる。そして都市国家は前五世紀ごろ中国に鉄器文化が伝わり、青銅器文化にとって代るころから衰退する。鉄製武器は青銅製武器より鋭利なうえに、安価で大量に製造できるからである。その上、北方の、塞外民族から伝わった騎馬の部隊の武力は、馬に索かせる戦車部隊のそれよりまさっていた。春秋時代のはじめには百以上あった都市国家は次第に統合され、戦国時代には韓・魏・趙・秦・楚・斉・燕の七つの領土国家が勝ち残って対立抗争するが、前二二一年に秦がこれを統一して、強力な専制国家を樹立した。しかしその大帝国も、後漢が亡んで以後分裂して中世となるのは、さきに述べた通りである。

ギリシャは鉄器文化の受容が中国より早く、前六世紀には鉄器時代にはいったようだが、都市国家の伝統が強いこと、騎兵の発達がおくれて都市国家の強力な歩兵部隊を打破するに至らなかったこと、また中国では農業を維持するのに必要な水利の統制のため、広範囲にわたって専制的な権力をもつ首長を必要としたのに対し、ギリシャでは地形や気象上、天水灌漑でほぼ農業を維持できたため、専制的権力者を必要としなかったなどの諸条件によって、都市国家は前三世紀ごろ、強力な騎兵隊を持つマケドニアが北方に興起するまでは存続したと考えられる。ヨーロッパの方が中国より民主主義が発達したのは、このことも影響しているとする説もある。

ギリシャのことはさておき、原始共同体を克服した中国古代国家の初期、すなわち都市国家の時代の人々の思想を知るには、前四七九年に没した孔子を中心に、その弟子などを含む人々の言行を記した『論語』がやはり有益なのではなかろうか。『論語』は孔子の没後に編纂された史料を集大成したもので、現存のそれは漢のはじめ（前二世紀）の成立といわれる（金谷治訳注『論語』〈岩波文庫〉の「はしがき」一九九一年）。それゆえ孔子より後の時代の思想もまじっているが、具体性のあるユニークな記述から、孔子の思想やその時代の社会の状態を知ることのできる貴重な史料といってよいであろう。

そこで『論語』を取上げて読んでみると、一読だれでもが驚くのは、孔子の口を通して語られる当時の思想が、孔子より凡そ二千六百年も後に生まれ、孔子の生育した中国大陸とはまったく違った環境の狭い島国で育った私たちに容易に理解できることである。私たちの思う所を明白に表明し、こちらの胸のすく思いがする所もある。もちろん、「礼」などの中国の伝統的思想や行事で、私たちにはわかりにくい部分もあるが、本質的には両者はあい似た思想を持つのではないか、という思いが強い。つぎにとくにそういう思いがする例を、若干あげてみよう（読み方は、前記金谷治訳注『論語』による）。

(1)　先進第十一　12条　季路（中略）曰わく、敢えて死を問う。（子）曰わく、未だ生を知らず、焉《いずく》んぞ死を知らん。

注、「季路」は「子路」に同じ。

(2)　述而第七　20条　子、怪・力・乱・神を語らず。

注、「神」は神秘なこと。「鬼神」のこととする説もある。また、「怪・力・乱・神」を「怪力・乱神」の二事に読む説もある。

(3)　子罕《しかん》第九　26条　子の曰わく、三軍も帥を奪うべきなり。匹夫も志しを奪うべからざるなり。

注、「三軍」は前軍・中軍・後軍の三軍。「帥」はこの場合、大軍を帥《ひき》いる将軍。「匹夫」は身分の低い、平凡な男。

(4)　学而第一　1条　子の曰わく、学びて時にこれを習う。亦た説《よろこ》ばしからずや。朋あり、遠方より来る、亦た楽しからずや。人知らずして慍《うら》みず、亦た君子ならずや。

注、「不慍」は「いからず、いきどおらず」とも読む。

孔子の思いが私たちと共通する記事は他にも多いが、一応ここで切って説明を加える。

(1)と(2)は、「死」など理性では説明できないこと、怪（奇怪なこと）、力（暴力）、乱（背徳の行ない）など常規を逸脱して、理性の範囲をこえたことを語ったり、教えたりはしない、ということであろう。理性を重視する点で、近代人の思想と共通する。

(3)は個人の独立性、個性の重要性を指摘、強調する。近代思想の基礎をなす考え方と一致すると言えよう。

(4)は、三つの部分から成る。①は学んだことを、くりかえし復習すると、深い意味がだんだんとわかってきて、本当にうれしく面白い。②は仲のよい友人が、遠国から会いに来てくれる（孔子塾の同門の友人で、遠い国に召し抱えられた男が、休暇を取って帰って来たのだろう）、友人は政治という新しい仕事のむずかしさ、こちらは学問が進む面白さを語って、話がつきないのも楽しい。③は、けれども友人はやがて自分の親もとへ帰ってゆく。友人との会話で高揚した心がおさまると、実社会に出て活動している友にくらべて、いつまでも孔子の私塾にいる自分の身がかえりみられる。あの友のしている仕事ぐらいは自分でも十分できるのに、自分にはどこからも招きの声はかからない。大学院で単位は全部とり、学位論文もパスしたが、ポストに恵まれないオーバードクターの心境と同じだろう。しかし彼は一時の落ちこみから立ち直り、自分を認めてくれない世間を恨んだり怒ったりせず、地道に孜々として勉学につとめている。孔子はこれを見て、立派な男だ、これこそ君子といってよいと嘆賞する。

このように『論語』には、現代の私たちの感覚と通じあう話がいくつもあるが、きわめつきは先進第十一の26条にみえるつぎの話であろう。

ある日、子路など弟子が孔子のまわりに集まっていた。孔子は弟子たちに、お前たちはどういうことをしてみたいか、希望を自由に言ってみよ、と言った。弟子たちは子路を筆頭に、それぞれ政治に関る時の抱負を述べ、最後に残った公西華はためらった末に、つぎのように言った（以下原文、書き下し）。「暮春には春服既に成り、冠者（青年）五、六人、童子（少年）六、七人を得て、沂《き》（川の名）に浴し（「浴」を「沿」に改め、「沿い」と読む説もある）、舞雩《ぶう》（雨乞いの舞をする広場）に風《ふう》し（涼んで）、詠じて帰らん」と。孔子はこれを聞いて嘆息し、「私はお前に賛成だ」と言った。

公西華ののぞみは私たちの気持ちとあまりよく合致するので、私たちは孔子とは少しちがった意味で嘆息する。西華は原始共同体の束縛を脱した人々の子孫、私たちは封建制の束縛を破って現代を開いた祖先の二、三世代後である。古い殻を破り、制約を抜けだして自由を得たとき、人間の感覚は時空を超えて共通するのだろう。それが人間本来の在り方だからである。

中国では古代のはじめ、都市国家のなかで人びとは原始共同体の殻を破って人間性を獲得した。古代ギリシャでも同じである。しかし中国でもギリシャでも王権が次第に伸張し、都市国家は亡んで領土国家となり、強大な王権のもとに民衆支配を強化して、専制的古代帝国が形成される。

では都市国家の形成されなかった日本はどうであったか。原始共同体の殻をどうして打ち破ったか、打ち破ることのできないまま、国家形成を進めたのであろうか。打ち破ったとすれば、いつ、どのようにしてできたのか。打ち破らなかったとすれば、日本の古代は中国ともギリシャとも異質といわねばならない。日本には本当の意味の古代はなかったといわれてもしかたがない。それらの点をつぎに考えてみる。

二　初期万葉の人びと

日本古代に都市国家が成立しなかったのは、宮崎市定氏が早くから指摘[4]するように、青銅器時代がなかったことによると思われる。青銅器も鉄器も、はじめ朝鮮・中国などアジア大陸から輸入されて、日本人の知るところとなったが、日本にもたらされたのは、両方とも弥生時代初期（通説では前三・二世紀ごろ。それより更に数世紀前とする説もある）、ほぼ同時期であったからであろう。鉄器の輸入が増加すると、それを多数所有する豪族が勢力を強め、紀元後三・四世紀ごろには都市国家の段階を経由せずに、初期の国家を日本に形成し、王の権威を示すため、三〜四世紀に墳丘長二〇〇メートルを越える前方後円形の大古墳（大型前方後円墳）を築造し、四世紀末以後にはさらに大型化して、墳丘長が三〇〇メートルを越える巨大古墳も造営された。いわゆる古墳時代が三世紀から七世紀までつづくのである。

王たちは多くの民衆を支配したが、都市を形成することはなく、支配下の民衆は各地に散在したまま共同体を維持した。ただし原始共同体も時代とともに変化し、氏族共同体あるいは村落共同体とよばれる形態をとり、階級分化が生まれていたが、原始共同体の性格を残していたと考えられる。

その構造を正確に復原することは困難だが、その一端は『古事記』や『日本書紀』にみえる『記紀歌謡』とよばれる歌―定形の短歌や長歌より古い歌―からうかがうことができる。たとえば『古事記』上巻にみえる八千矛《やちほこ》

の神が沼河比売《ぬなかわ》を妻どう物語の歌二首の第一首では、

八千矛の　神の命《みこと》は　八島国　妻婚《ま》きかねて

と主人公を第三者としてうたいおこしながら、歌の途中で、

嬢子《をとめ》の　寝《な》すや板戸を　押そぶらひ　我が立たせれば

と第一人称に転換してうたっている。また『日本書紀』の雄略五年条には、雄略が葛城山に狩りをした時の歌として、

やすみしし　我が大君の　遊ばしし　猪《しし》の　怒声《うたき》畏み　我が逃げのぼりし　在丘《ありを》の上の　榛《はり》が枝　あせを

という歌謡を載せる。ここでも始め「我が大君」と呼ばれた人が、あとでは「我が逃げのぼりし」と第一人称でうたわれている。

これらの歌がうたわれたのは、六世紀ないし七世紀前半ごろと考えられるが、自他の区別が明確でない原始共同体の生活や意識が、そのころまで存続していたことを思わせる。

しかし大化の新政が始まったとされる七世紀中ごろには、自他の区別の明確な歌が作られている。舒明天皇から孝徳・斉明・天智の諸天皇のころを万葉第一期というが、実年代でいえばほぼ七世紀の中ごろとその前後にあたる。その時期の代表的歌人額田王が春と秋のどちらがよいかを判じた歌（巻一―一六）は、最後が「秋山ぞ我は」の句で結ばれる。はっきり自分の考えを述べているのである。

額田王と同時期の歌人・鏡王女には天智天皇との贈答の歌があり、彼女は天智の歌に答えて、

秋山の　木の下隠《がく》り　行く水の　我こそ益《ま》さめ　思ほすよりは　（巻二―九二）

とうたう。自他の区別はきわめて明瞭である。鏡王女は額田王の姉かとする説が一般的であるが、私は両者は同

一人物と考えている。(5)

鏡王女と額田王の関係はいずれにせよ、このような歌は自他を混同していた時代には作られないのではないか。社会はかわっているのである。ただし、額田王も鏡王女も皇族の身分であるから、その歌から社会一般の状態を論ずることはできないという反論もあろう。しかし天武朝から奈良時代の初期ごろまでの万葉第二期のつぎの歌はどうか。作者の名は、それぞれの歌の冒頭に記す。いずれも当時の下級官人である。

(イ)　柿本人麻呂　荒たへの　藤江の浦に　すずき釣る　海人《あま》とか見らむ　旅行く我を　(巻三―二五二)

(ロ)　高市黒人　古《いにしへ》の　人に我あれや　楽浪《さざなみ》の　古き京《みやこ》を　見れば悲しき　(巻一―三二)

(ハ)　柿本人麻呂　(前略)……　夏草の　思ひしなえて　偲ぶらむ　妹が門見む　なびけこの山　(巻二―一三一)

(ニ)　柿本人麻呂　草枕　旅の宿りに　誰《た》が夫《つま》か　国忘れたる　家待たまくに　(巻三―四二六)

(イ)は、旅で通過している土地の人より身分の高い官人である自分を、うす汚れた旅姿のために、身分の低い海人とみているだろう、との歌。(ロ)は、自分は古いものを恋しく思う古い時代の人間だ、今に生きる一般の人々とはちがっている、との歌。いずれも自分を第三者の立場から客観視してうたっている。自他の別を明瞭に意識している点で、第一期の額田王や鏡王女と同じ地盤に立つ歌である。

(ハ)は、妻の住む家を見たいので、平らになれと山に命令する歌である。元来、山は神のいます所として畏れられていた。人が山に命令することなど、到底考えられないことである。自然をそのまま神として恐れる呪術的信仰また思想の減退、人間尊重の思想の前進を示している。

(ニ)の歌では、作者の人麻呂は路傍にたおれている見も知らない人の死を悼んでいる。原始共同体の生きていた社会では、自分の属さない共同体の人は自分とは無関係で、その死に心を動かされることはなかったであろう。たしかに時代は変っている。新しい時代が来ているのである。念のために、同じ万葉第二期の歌と考えられる柿本人麻呂歌集の歌を若干引いておこう（人麻呂歌集の成立には諸説があるが、歌の大部分は人麻呂を含め、人麻呂と同時代の歌とする説に従う）。

(ホ)　巻向《まきむく》の　山辺とよみて　行く水の　水沫《みなあわ》のごとし　世の人我は　（巻七―一二六九）

(ヘ)　かにかくに　人は言ふとも　織りつがむ　我が機物《はたもの》の　白き麻衣　（巻七―一二九八）

(ト)　足引の　山川の瀬の　鳴るなへに　弓月《ゆつき》が岳《たけ》に　雲立ち渡る　（巻七―一〇八八）

(チ)　ぬばたまの　夜さり来れば　巻向の　川音高しも　あらしかも速《と》き　（巻七―一一〇一）

(ホ)・(ヘ)の歌は前記の(イ)・(ロ)と同様に、自己を客観視している。(ト)・(チ)の歌は自然を客観的に描写しており、現代のわたしたちにはその美しさが十分理解できる。われわれと共通の意識・感覚を持つ人々が生まれているのである。

なぜ六世紀およびそれ以前と、七世紀中葉以後の万葉第一、二期とでは、このように物の見かた・感じかたがかわったのであろうか。

おそらくそれは長いあいだ続いた原始共同体がくずれて、家（家族）単位の社会となったことによると思われる。中国では紀元前六・五世紀に興った都市国家の中で行なわれた変化が日本では七世紀に行なわれたのであろう。日本では原始共同体は次第に崩壊にむかい、氏族共同体や村落共同体に変化していたが、七世紀に至って決定的に崩れ、家族が表面にあらわれる社会となったものと思われる。そのような変化がなぜこの時点で起ったかを、つぎに考える。

三　原始共同体と古代国家

原始共同体の後裔で、その末期の形と思わる氏族共同体や村落共同体が姿を消した原因は、強大な力を持つ唐の出現によって生じた東アジアの緊張の高まりにあると思われる。南朝と北朝に分れていた中国を五八一年に統合した隋は、三十年余り後の六一七年に亡び、かわって翌年の六一八年、統一中国を継承した唐は、隋にまさる強力な国家を築き、中国本土に侵入してきた北方民族の突厥を六三〇年に撃退し、ついで西方の吐蕃（チベット）を圧迫して六三四年に入貢させ、六四四年矛先を東に向けて高句麗攻撃を開始した。この攻撃は高句麗が善戦して翌年これを打ち破るが、四七年・四八年にも唐の攻撃は続く。東アジア最強の唐の勢力が極東の地域に迫って来たのである。

これに対して高句麗は国制を改め、全力を挙げて応戦し、百済・新羅もそれぞれの方法で国制を改革して、国力の集中強化をはかった。(6) 麗・済・羅の朝鮮三国より国制整備のおくれた日本（当時は倭）も、国政を革め、国家権力の集中、武力・経済力の強化を計ることが焦眉の急となる。そのために共同体の殻を破り、殻の中にあった家族とその構成員を国家権力が直接把握する方策が取られたのであろう。中国では前六・五世紀に都市国家のなかで行なわれたことを、日本ではその千二百年ほど後の紀元後七世紀に国家権力によって強行されたと考えられる。中央権力にとって、共同体は支配のためには便利であるが、武力の増強、収奪の強化のためには不便なのである。

この改革によって古い共同体は消滅し、日本の社会は国・郡・里に改編された。但し郡ははじめ評と称され、郡に改称されるのは八世紀初頭に施行された大宝令によることはよく知られている。国の呼称は古くからあるが、評（郡）を支配する行政組織の一つとなるのは、評の成立よりややおくれるのではないかと思われる。ということは、国造の支配する国は、日本全域を覆っていたのではなく、評成立期と推定される孝徳朝には、評にはいらず、国に属さない地域も相当あったことを示唆する。(7)

評の下位の行政組織は五十戸より成る里であるが、「里」の呼称は天武朝後半にはじまり、(8)それ以前は「某々五十戸」と呼ばれた。「某々」は地名が多いが、「白髪部」のような部の名の場合もある。この名称がいつからはじまるかは明確ではないが、私は斉明朝ではないかと考えている。それはいずれにせよ、天武朝に編纂がはじまり、持統三年（六八九）に施行された飛鳥浄御原令では国・評・里の行政組織は整備され、それより早く天智九年（六七〇）には全国的な戸籍（庚午年籍）が作製された。こうして国家権力は共同体のなくなった国のすみずみまで及んだ。

この過程で国家権力が共同体の遺制を破棄する方向に動いたことを示す史料が『日本書紀』にみえるので、つぎにそれを紹介する。

それは孝徳紀大化二年三月甲申（二十二日）条にみえる旧俗矯正に関する詔文である。(9)この詔は、薄葬令と称される詔以下、奴婢に関すること、妻妾に関することなど多くの詔を含むが、ここで問題にしたいのは、「役《つか》はるる辺畔《ほとりのくに》の民有り」にはじまる詔以下四条の詔である。つぎにそれを列挙する。

1、役《つか》はるる辺畔の民あり。事了《おは》りて郷《くに》に還る日に、忽然《にはか》に得疾《やまい》して、路頭《みちのほとり》に臥死《し》ぬ。是に路頭の家、乃ち謂《かた》りて曰く、「何の故か人を余路《あがあたり》に死なしむる」といひ、因りて死者の友伴《ともがき》を留めて、強ちに祓除《はらえ》せしむ。是に由りて、兄路に臥死ぬと雖も、其弟収めざる者多し。

2、百姓の河に溺《おぼれ》死《し》ぬるに逢へる者有り。乃ち謂りて曰く、「何の故か我を溺れたる人に遇はしむる」といひ、因りて溺れたる者の友伴を留めて、強ちに祓除せしむ。是に由りて、兄河に溺れ死ぬと雖も、其の弟救はざる者多し。

3、役《つか》はるる民有りて路頭に炊飯《かしきは》む。是に路頭の家、乃ち謂りて曰く、「何の故か情《こころ》の任《まにま》に余路に炊飯む」といひ、強ちに祓除せしむ。

（もう一条あるが、類似の詔なので省略）

是等の如き類、愚俗《おろかひと》の染《なら》へる所なり。今悉に除断《や》めて、復《また》せしむること勿れ。

以上である。詔の文章は平明で、とくに注釈を必要としないが、問題は孝徳朝の新政に際し、なぜこのような詔を下したかである。

詔によれば、1、2では役のため、おそらく租税を都へ運ぶため、または労役奉仕のために、役民が故郷から都へ往復する途中、病気その他の理由で死ぬことがあると、路のほとりの人は死者に同行する仲間や兄弟を引きとめ、死のケガレを払うため、祓除すなわちおはらいを強要する。3では食事の用意をするために路傍で火を起す場合も、同様におはらいを要求する。

このように死者が出たり火を起したりすると祓除を要求されるのは、旅行く人と路傍の人とはそれぞれ別の共同体に属し、別の社会に生きているという意識が強いからであろう。それでは各地の人が都へ往復する旅をスムーズに行なうことができない。形の上では日本の統一はできても、共同体が生きている間は実は共同体ごとにバラバラなのである。日本の統一のためには、共同体の殻を破ることが必要である。旧俗矯正の詔は、朝廷がこのことを自覚し、共同体の解消のために努力していたことを示すと解される。

こうして何年かののちには朝廷の意図通り統一国家がほぼ完成した。その方向への動きが明瞭になるのは七世紀中葉の孝徳朝乃至その直前の皇極朝、古くみても六世紀末以降の推古朝のことである。それ以来浄御原令が六八九年または六九〇年（持統三～四）に施行されて統一国家が実現する七世紀末まで五十年あるいは百年であるが、中国では都市国家ができてから前二二一年に秦による中国統一がなるまで三、四百年かかっている。「五十年あるいは百年」というのは日本における古代国家の成立がいかに慌しかったかを示している。

しかしその慌しい過程のなかで、朝廷は六七〇年（天智九）に唐にみならって戸籍（作られた年の干支をとって庚午年籍という）も作り、民衆支配に遺漏のないことを期した。庚午年籍は実物が残っていないが、八世紀初頭の七〇二年（大宝二）に作られた戸籍は残存する。唐の戸籍は敦煌などで発見されたものがあり、比較するとよく似ているけれど、差違もある。注目されるのは、唐では戸主に永業田といわれる戸主の私田同様の田が給与されていることである。土地国有の原則を守っている日本の戸籍は、そのような私田は全然ない。土地公有が原則の共同体から生まれたばかりの日本の「戸」が、私田を持たないのは当然であるが、強大な秦・漢が亡んで五世紀後の唐の農民が私有田を持つのも、当然といえば当然である。

天智・天武朝に成立する統一国家は、土地を持たない、いわば裸同然の農民を基礎に成立した。これはやはり古代国家というべきであろう。日本にも古代国家の時代があったことは確実である。けれども土に生きる農民は、唐が手本を示している通り、当然土地私有を欲する。古代国家完成のメルク・マークとされる大宝律令成立以後の日本の農民の歴史は、土地私有の実現とその発達の歴史である。七二三年（養老七）の三世一身の法の施行、七四三年（天平一五）の墾田永年私財法の公布は、その努力のあとを示している。

そして土地公有にもとづく班田収授の制も、班田の台本となる戸籍の製作も九世紀には衰え、戸籍に替って土地の所有関係を記した田図が作られて重視されるようになる。国家の支配の対象が人から土地に変ってくるのである。

それだけでなく、唐は八世紀後半に安禄山と史思明の起した内乱（安史の乱）で乱れ、以後唐は衰退する。また朝鮮では高句麗、百済は亡び、残った新羅も九世紀以降は国内で地方の勢力が強くなり、内乱も発生して、国家権力は衰えた。そのためかつての東アジアの国際関係の緊張はゆるみ、日本の王権も権力の強化維持に努力する必要はなくなり、地方分権の気運が生じた。

このような国内外の変化によって、古代は中世へと推移したと思われる。その経過を簡単に述べれば、中央集権と公民制にもとづく律令国家は衰退し、代わって一〇世紀の始めに新しい体制の国家が成立する。ふつうこれを王朝国家と呼び、古代国家から中世国家への過渡期の国家とするが、戸籍・計帳にもとづく班田制はすでに消滅し、公田の支配単位としては田堵と呼ばれる農民の経営する「名《みょう》」が一般化して、田堵が在来の租・調・庸・雑傜に代る官物と公事《くじ》を負担するようになる。班田農民の社会とは異なる農奴制社会の出現といってよい。

そして田堵層農民は、官人貴族層の系譜を引く大土地所有権や、新興の在地領主層と対立する。これを内実とするのが王朝国家の実態である。そのような国家は、古代から中世への過渡期の国家というより、初期の中世国家とみるべきではなかろうか。

古代はこうして中世へ推移する。古代の成長の時期が短かったように、中世への転化の時期は案外早かったのではなかろうか。それに関してはなお論ずべきことが少なくないが、一応これで稿を閉じることにする。また孔子の私塾と、皇極・孝徳朝にあったと思われる僧旻や南渕請安の私塾の異同について述べたいと思っていたが、拙文が長くなったので、別の機会を待つことにする。

注

(1) 井上章一『日本に古代があったのか』(角川選書、二〇〇八年七月)。
(2) 宮崎市定『中国史』岩波全書、上・下、(一九七七年・一九七八年)。『宮崎市定全集』1(岩波書店)に収める。
(3) 宮崎市定の著書(注(2))による。
(4) 宮崎市定「東洋史上の日本」(『日本文化研究』1、新潮社、一九五八年)。『宮崎市定全集』21(岩波書店)に収める。
(5) 直木孝次郎『額田王』(吉川弘文館、二〇〇七年)。
(6) 直木孝次郎「大化改新私見」(『難波宮と難波津の研究』吉川弘文館、一九九四年。初出、一九七八年)にその要点を述べた。『難波宮と難波津の研究』一三四ページを参照。
(7) たとえば欽明朝におかれた吉備国の白猪屯倉などは評の区域には入らず、朝廷の直接支配下にあったであろう。
(8) 「里」の呼称が行政区域の名称となる時期については、鐘江宏之「七世紀の地方社会と木簡」(森公章編『倭国から日本へ』〈日本の時代史、3〉吉川弘文館、二〇〇二年)による。
(9) この詔文の解釈については、家永三郎「孝徳紀の史料学的研究」(家永著『古代史研究から教科書裁判まで』名著刊行会、一九九五年）による所が多い。家永論文の初出は、坂本太郎博士還暦記念会編『日本古代史論集』上巻（吉川弘文館、一九六三年）。

第二章　摂津国の成立再論

はじめに

私は二〇〇二年一二月刊の雑誌『歴史と神戸』二三五号に「摂津国の成立」と題する論文を発表して、摂津国がいつ、どういう事情で成立するかを論じ、摂津国はもと津国といったこと、津国は難波津・住吉津・務古（武庫）の水門、大輪田の泊などの港津とその後背地から成るが、難波津・住吉津は淀川の左岸に位置するために、もとは河内国に属していたのを、河内から切りはなし、淀川の西に位置する務古の水門・大輪田の泊やその後背地とあわせて津国を構成したこと、こうして成立した津国の地域が畿内の一部となったのは、継体天皇が近江または越前から姿をあらわして、ヤマト朝廷の後継者となった動乱が関係するであろうと思われることを述べた。

その大わくは変更する必要はないと考えるが、津国成立の時期や事情については、前稿では考えが足りず、修正や補足を必要と思うようになった。あらためて私見を述べて批判をえたいと思う。「再論」と題するゆえんである。以下旧稿「摂津国の成立」を前稿と呼ぶ。

一　地名と国名

国名が地名と関係の深いことはいうまでもないが、律令制下の国名は、地名に政治的配慮が加えられる場合と、形式を整えるために文字数が増減される場合とがある。周知のことであるが、前者をA型、後者をB型として例示すると、つぎのようである。

A型（広大な国を分割する場合と畿内からの距離の遠近による場合）

(1)前・中・後型　肥→肥前・肥後　豊《とよ》→豊前・豊後　吉備→吉備前・吉備中・吉備後　越《こし》→越前・越中・越後

(2)上・下型　毛野→上毛野・下毛野　総→上総・下総

(3)近・遠型　淡海《あうみ》→近淡海・遠淡海(1)

B型（漢字の国名表記を二字に統一）

(1)三字から　（例）吉備前→備前　上毛野→上野　下毛野→下野　近淡海→近江　遠淡海→遠江

(2)一字から　（例）倭→大倭　紀→紀伊　津→摂津

A型の国名はいずれも地名を基礎としているが、「前・中・後」「上・下」「近・遠」の文字は、都または畿内からの距離のちがいをあらわしている。むろん前・上・近が近い国、後・下・遠が遠い国で、政治的配慮による命名といってよいであろう。上総・下総も、古代の官道は相模国の三浦半島から走水の海峡を渡って房総半島の南部に至り、北上するから、上記の原則に反しない。

B型の二字国名は、倭に美称の大をつけて大倭としたところに若干配慮のあとを感ずるが、とりたてていうほどではあるまい。紀伊は音韻による付加で、美称ともいえない。そのなかにあって、津を摂津にしたのは、国家・朝廷が津国を管理するという政治的意味をこめた命名である。これほど政治的意図を明らかにした国名は他にあるまい。それは、津国＝摂津国という区画が自然的に、あるいは在地の豪族・民衆の意図によって成立したものではなく、政治的意図により、上から策定された国であることを思わせる。

そもそも「津」という名称は、国名になっているが、自然に生まれた地名ではない。自然の地形に人工を加えて造られるのが「津」である。その点、大和や河内、吉備や毛野、美濃・飛騨・信濃など、日本六〇余国のほとんどの国々と国名のなりたちが違っている(2)。それは自然的名称ではなく、文化的名称といってもよかろう。この点からも、「津国」の成立が、他の国々よりずっとおくれると考えられる。

以下、このことを考慮に入れて、摂津国の成立を考える。

二　津国の成立時期

津国・摂津国の名称を『日本書紀』（以下『書紀』と略す）によってみると、「津国」は応神四一年二月と舒明三年九月の条にみえ、「摂津国」は雄略一七年三月、清寧三年正月の条など計一一回みえる。しかしこれらの記事は『書紀』編者の潤色が多いから、書かれた年代に用いられていたかどうかは、わからない。天武紀六年一〇月条に「内大錦下丹比公麻呂、為二摂津職大夫一」とみえることから、「摂津国」が天武六年またはそれ以前からあったとも考えられるが、「津国」が「摂津国」に改称されたのは、さきにふれたように一字または三字の国名を二字の国名に統一する朝廷の方針によるものであって、その時期は鎌田元一氏の考証[3]に従って、大宝四年ごろとみるべきである。大宝元年に制定された大宝令では、まだ「津国」であって、令において「摂津国」と記されるのは養老令が最初であろう。養老令職員令に、

　摂津国帯二津国一

とあって、「帯二摂津国一」といわないのは、そのためであろう。養老令田令の「置官田条」の「凡畿内置二官田一、大和・摂津各卅町、河内・山背各廿町」に相当する大宝令の条文は、

　凡畿内置二屯田一、倭・津各卅町、河内・山背各廿町。

とあったのではあるまいか。

　つまり摂津国の名称が定まるのは大宝四年であるが、そのもととなる一字国名の津国は、天武六年またはそれ以前に成立していたと考えたい。

　では津国の成立はどこまでさかのぼるか。それを考えるには、『書紀』大化二年正月条にみえるいわゆる大化改新詔の「其の二」において畿内の範囲を定めた二番目の凡条が参考になる。周知の史料であるが、左に掲げる(訓註は省略)。

　凡そ畿内は、東は名墾の横川より以来《このかた》、南は紀伊の兄《せ》山より以来、西は赤石の櫛渕より以来、北は近江の狭狭波の合坂山より以来を、畿内国とす。

　ここにいう「畿内国」の範囲は、のちの令制の畿内とほぼ同じ地域であると思われるが、それを示すのに倭・

河内などの国名を用いず、当時の主要な道路の通過した特色ある地形・地名を用いている。この凡条が作られた時に倭（のちの大倭）・河内などの国が成立していれば、その国名を挙げれば畿内国の範囲が簡単にわかるのに、そうしていないのは、その時点では、ヤマト・カワチなどの地域名はあったであろうが、政治的区画としての国とはなっていなかったことを示している。大化改新詔の凡条が作られた時には、のちに畿内を構成する大倭（倭）・河内・山背・摂津（津）の諸国は、まだ成立していなかったと考えざるをえない。

この場合問題なのは、凡条をふくむ大化改新詔には『書紀』編者の潤色が多く、それが作られたのは大化元年よりあと、部分によっては大宝令編纂以後まで下ると考えられることである。しかし、いま問題となる畿内国の制に限っていえば、長山泰孝氏などが論ずるように[4]、「東西南北の四地点によって畿内の範を示す改新詔の畿内制は、大倭以下の四国をもって畿内とする令制の畿内とは異なっており、大化当時の制度とみて差支えない」とする判断が妥当であろう。

以上の考察に大過なければ、大化の時点では、大倭以下四か国はまだ成立していなかった、津国についていえば、難波津・住吉津・務古水門・大輪田泊などの港津の存する地域を、海上交通上重要な地域とする考えはあったかもしれないが、それをまとめた行政区画としての「津国」が成立するのは、大化以後と考えられる。私は前稿で、「令制摂津国に近い形の「津国」が成立するのは、（中略）継体朝ないし六世紀後半の欽明朝以後と考えられる」と述べ、六世紀にさかのぼる可能性のあることを示唆したのは修正・撤回しなければならない。またそれにつづけて、「（津国の成立は）あるいは難波に都が置かれた孝徳朝かもしれない」としたのも、誤認とすべきである。

したがって、津国の成立は古くみると斉明朝かもしれないが、史料上ではそれを証明ないし示唆する証拠はない。つぎの天智朝は都が近江の大津に移され、難波津や務古水門《むこのみなと》への関心はむしろ低下したと思われる。やはり天武朝になって都が倭に帰り、新羅との国交も回復してからとみるのが妥当であろう。もともとは河内と呼ばれた地域にあった難波津・住吉津とその周辺、および「務古」と呼ばれた地域にあった務古水門・大輪田泊とその後背地とをあわせた津国の成立はおそらく天智末年または天武朝であろう。(5)

さきに記した天武六年一〇月の「為二摂津職大夫一」の記事は、津国の成立時期を示すものではないかとも考えられるが、『書紀』にはそれより二年早い天武四年二月条に、

大倭・河内・摂津・山背・播磨・淡路・丹波・但馬・近江・若狭・伊勢・美濃・尾張等の国に勅して曰わく（下略）

とあって、「摂津」の国名がみえる。これはむろん「津国」を『書紀』編者が潤色したものであろうが、この条のはじめの畿内を示す四国を除くと、播磨以下の国名の序列は、四畿七道の道制にもとづく大宝令以下の国史の国名の序列とことなっている(6)（播磨＝山陽、淡路＝南海、丹波・但馬＝山陰、近江＝東山、若狭＝北陸、伊勢＝東海、美濃＝東山、尾張＝東海）。つまり令制以前の古い書き方に従って国名が書かれているのである。

これからすると、「摂津」という表記は編者の脚色だが、天武四年に「津国」が成立していたことまでは疑う必要はあるまい。

おそらく津国は天武初年（あるいは天智九年の庚午年籍作成期）には成立し、天武六年に、津国の国宰の地位が強化されたので、『書紀』編者は、大宝令制にあてはめて、「摂津職大夫」と記したのであろう。

三　務古水門と大輪田泊の位置と関係

つぎに問題にしたいのは、務古（武庫）水門《みなと》と大輪田泊《とまり》との位置と関係である。位置については前稿の注（9）で、「務古水門を武庫川河口、大輪田泊を現神戸市の兵庫港の前身として、両者を区別する説と、務古水門と大輪田泊と同所で兵庫港の前身とする説とがある」と述べ、自分の態度を明らかにしなかった。現在の私は、この注でいえば、両者を同所とする後の説を正しいと考えている。その理由を説明するために、まずそれらの港津の史料をかかげておく。

務古（武庫）水門

（1）『書紀』神功元年二月条（神功皇后が皇子〈応神〉を奉じて筑紫から倭へ帰るくだり）
　皇后の船、直に難波を指す。時に皇后の船、海中に廻りて、進むこと能はず。更に務古水門に還りてトふ。

（2）『書紀』応神三一年八月条（官船枯野の船材を薪として塩を焼き、五百籠の塩を得、これを諸国に施して、船を造らすくだり）
　是を以て、諸国、一時に五百船を貢上《たてまつ》る。悉に武庫水門に集ふ。

（3）『万葉集』には、「むこのとまり」（巻三―二八三）、「むこのうら」（巻三―三五八、巻一五―三五七八・三五九五）、「むこのわたり」（巻一七―三八九五）などの歌がある。

大輪田泊

(4)『行基年譜』所引「天平十三年記」

船息二所(一所を録す)

大輪田船息　在摂津国兎原郡宇治

(参考)『法隆寺伽藍縁起并流記資財帳』の「山林岳嶋等貳拾陸地」の項に、「摂津国雄伴郡宇治郷」、「池陸塘」の項に、「摂津国兎原郡宇治郷」がみえる。付記、「兎原郡」の兎は、「菟」あるいは「莵」とも書くが、本章では「兎」に統一する。

(5)『万葉集』巻六―一〇六七

浜清み　浦うるはしみ　神代より　千船の泊《は》つる　大輪田の浜(田辺福麻呂歌集)

さきにふれたように務古水門を武庫川河口を中心に考える説がある。武庫川河口だけでは、伝説とはいえ、史料(2)にみえる五〇〇船が集う港津として狭いので、武庫川は猪名(為奈)川と合流して海に注ぐという『住吉大社神代記』にみえる伝承を採って説明する意見もあるが、それにしても狭少の感はまぬがれない(7)。にもかかわらず武庫川河口説が提唱されるのは、武庫川の流れる地域に武庫郡があり、かつては「むこ山」と呼ばれたと思われる六甲山も武庫郡に接して存在するという近代の常識によるところが大きいのではなかろうか。

しかし「むこ(武庫・務古・六甲)」という地名は元来武庫郡の地域を中心にして成立したのではなく、前稿で推測したように、河内と呼ばれる淀川左岸(東側)の地域に対して、淀川右岸(西側)の地を川のむこうという意味で「むこ」と呼んだことにもとづくのであろう(8)。そういう意味の「むこ」の地域でもっとも目立つ川は武庫川、目立つ山が六甲山である。もっとも目立つ港は、漁船などの小船は出入・上下できても、大船が集中し、入港できたとは思われない武庫川河口よりも、現在の神戸市の西部にあり、かつての兵庫港の前身となる大輪田泊であろう。倭・河内の人びとが淀川西岸にひらける「むこ」の地域の代表的な港として大輪田泊に着目して、これを務古水門と呼んだと考えて大過あるまい。

武庫川河口説を採りがたいもう一つの理由は、務古（武庫）水門の伝えは『書紀』に二回（前掲）みえるだけで、奈良時代以後は『和名抄』に武庫郡津門郷の名、『姓氏録』摂津神別の条に津門首の名をのこすのみで、港津として栄えた記録がない。務古水門は奈良時代以後は大輪田泊と名を変えて栄えたのであろう。「むこ」の名は、天武朝に「むこ」が難波津・住吉津の地と合体して「津国」となったために消滅し、武庫水門の称も史上から消えたのである。

その大輪田泊の地であるが、大輪田の名は、いまも兵庫港の西に突出して西風を防いでいる和田岬と関係があるだろう。前掲史料(4)によれば、行基の築いた大輪田船息は、摂津国兎原郡宇治にあったという。(4)の「参考」にかかげた『法隆寺伽藍縁起并流記資財帳』（以下では『法隆寺資財帳』と略す）には「摂津国雄伴郡」と「摂津国兎原郡」とに宇治郷があったことが記されている。それは郡郷制が整備される以前から雄伴郡と兎原郡の接するあたりに宇治と呼ばれる地域があったことを物語る。いま神戸市中央区西端の下山手通九丁目と、兵庫区の東端楠町一丁目の間あたりに宇治川と呼ぶ流れがあり、南流して元町六丁目の西を通って海にはいる(9)。このあたりが前記『法隆寺資財帳』にみえる雄伴郡と兎原郡の境で、両郡に、宇治郷があったのであろう。

この宇治川の流れの西南約六〇〇メートルのところを、旧湊川が流れて海に入る（今の兵庫区の新開地が湊川の跡）。宇治川河口から湊川河口のあたりが、大輪田泊の中心であったのではなかろうか。そうであるとすると、数百艘の船を容れることは十分に可能である。大輪田泊が広い水面を持つことは、史料(5)にあげた万葉歌に、「浜清み　浦うるはしみ　神代より　千船の泊つる　大輪田の浜」と歌われていることからも察せられる。

おそらくこの港は、津国成立以前は和田岬の名によって地元では和田（輪田）泊と呼ばれ、外部の人からは「むこ」の地域でもっとも目立つ港なので務古水門と呼ばれ、二つの名を持っており、津国、ついで摂津国の時代には務古水門の名はすたれ、津国（摂津国）の重要な港として朝廷の管理下にはいるとともに、大輪田泊と呼ばれた、と私は考えている。

以上が本節で取上げた務古水門と大輪田泊の位置と関係の大要である。

四　難波津と務古水門・住吉津の関係

つぎに考えたいのは、津国の中心となる難波津と津国に存するその他の港津―主として住吉津と務古水門（大輪田泊）―との関係である。前稿を執筆する時は、河内および「むこ」の地域の主要な港津と後背地をまとめて津国を造ったという事実のみを指摘し、それら諸港津間の関係や港としての特色などには及ばなかった。もちろんそうした問題に関する史料はほとんど残っておらず、いまさらそれを明らかにすることは住吉津が筒男三神と関係の深い港であることのほかは、ほとんど不可能であるが、若干の見通しだけを述べておきたい。

この問題のヒントになるのは、神功皇后が筑紫から倭へ帰ってくる時、難波をめざしたが、船が海中で旋回して進むことができないので、務古水門にはいったという、史料(1)の『書紀』神功元年二月の記事である。船が難波津をめざしても、何らかの事故で入港できないときは務古水門にはいるというのであるから、務古水門は難波津の避難港の役割をはたしている。難波津の船の停泊するところは、おそらく大川（天満川）をさかのぼったところにあったと思われるが、[10]風や潮流等の関係で簡単には入港できないことがあったと思われる。大川（天満川）をさかのぼってゆくことができても、川筋を利用した港であれば、碇泊できる船の数は限られる。それにくらべて務古水門（大輪田泊）はひろい水面を有し、その水面は必ずしも鏡の如く平静ではないにしても、入港はしやすいし、多数の船を収容できる。避難港としては好適であったにちがいない。

七世紀、ヤマト朝廷による日本統一が進行するとともに、首都あるいは首都の外港となった難波津に来港する船は増加する。天武朝には新羅をはじめ、高句麗・耽羅《とむら》からの来朝の船も増加する（高句麗は、高句麗滅亡後に成立する亡命政権。新羅の保護下にあった）。朝廷は難波津を補助する副の港を必要としたであろう。務古水門をその副次の港としても、朝廷は必要としたと思われる。両港の関係は主と副であり、務古水門は難波津の補助港・避難港という立場にあったと解せられる。

難波津の役目・機能を助ける務古水門が難波津の属する国と別の国にあっては、都合の悪いこともあるだろう。二港が共同して事にあたるには、二港が同じ国に属した方が都合がよい。津国の成立にはこういうことも影響したであろう。

住吉津の役割は、古代の航海における宗教すなわち神を祭ることにあったと思われる。住吉には海と航海の神である表筒男・中筒男・底筒男の三神を祭る住吉神社があり、住吉の津の管理にあたっていたと思われる津守連（のち宿禰）が、住吉神社の神主を勤めていた。

住吉神社の神主が航海において宗教面を担当したことは、古代日本の最大の航海である遣唐使船の出発の場合によくあらわれている。天平五年度の遣唐使は、『続日本紀』にその年四月、「遣唐の四船、難波津より進み発つ」とあるが、この遣唐使の船出をうたった『万葉集』巻一九―四二四五番の「入唐使に贈る歌」では、

あをによし　奈良の都ゆ　おしてる　難波に下り　住吉の　御津に船乗り

とうたい、住吉の津にも行ったことが知られる。おそらくそこで筒男三神を祭り、住吉神社の神主を遣唐使船に乗せて、改めて難波津より就航したのであろう。

『延喜式』大蔵省条の「入諸蕃使」の項には、遣唐使船に乗船する職員名を列挙しているが、そこにみえる「主神」は、住吉神を祭る住吉神社の神主と考えられる。『住吉大社神代記』の天平三年七月五日の日付のつぎに、「遣唐使神主正六位上津守宿禰客人」の名が記されているが、かつて主神として住吉の神を奉じ、渡唐した人物であろう。

このように住吉津は独自の機能をもつのであるが、国家的見地に立ってみれば、航海の遺漏なきを期するのに難波津を補助・補完する港である。

朝廷は難波を中心とする国家の海上交通を安定させるために、主力港である難波津と、これを補助し補完する住吉・務古の二港およびその後背地を以て津国を形成したと考えられる。難波津だけでなく、住吉・務古の二港も国家的公的な港とみなされ、運営されたのである。

住吉津がそういう国家的港であったことは、住吉津の運営にかかわったと思われる津守連氏の族長的人物（津守連吉祥・津守宿禰客人・同嶋麻呂・同国麻呂など）が、官位を帯して遣唐使の一員となり、あるいは住吉神社の神主として遣唐使主神に任じられていることによってわかる。

務古水門＝大輪田泊には、津守連のような港の運営・管理を朝廷から托された人物の名は知られないが、新羅の使者が入朝するとき、大輪田泊を経由するものには、摂津の敏売崎《みぬめ》で「神酒」を給したという規程が、『延喜式』玄蕃寮条にみえることが注目される。つぎにそれについて述べる。

五　敏売崎の神酒と敏売崎の位置について

新羅の客の入朝のとき、神酒を給すという『延喜式』玄蕃寮にみえる条文は、左の通りである。

凡新羅客入朝者、給二神酒一、其醸酒料稲、大和国賀茂、意富、纒向、倭文四社、河内国恩智一社、和泉国安那志一社、摂津国住道、伊佐具二社、各卅束、合二百卅束送二住道社一、大和国片岡一社、摂津国広田、生田、長田三社各五十束、合二百束送二生田社一、並令二神部造一、差二中臣一人一充二給レ酒使一、醸二生田社一酒者、於二敏売崎一給之、醸二住道社一酒者、於二難波館一給之。

要約すれば、入朝する新羅使には神酒を給するのだが、大和国四社、河内国一社、和泉国一社、摂津国二社（計八社）から集めた稲二四〇束は、摂津の住道社で酒に醸し、大和一社、摂津三社（計四社）から集めた稲二〇〇束は、摂津の生田社で酒に醸し、後者は敏売崎で、前者は難波館で新羅使に給する、というのである。

おそらくこれは、日本を訪ねる外国の使者が、日本に上陸する時の儀礼の一つで、その際、大輪田泊を経由する使者には敏売崎で、直接難波津に入港する使者には難波館で神酒を給したのであろう。その点、大輪田泊と難波津とは同格で、大輪田泊は国家、直接には摂津職の管理下にある公けの港であると考えられる。給される神酒の量も、醸酒料の稲が、難波館の場合は二四〇束、敏売崎は二〇〇束で、難波館がやや多いとはいえ、大差はない。大輪田泊は国に対して難波津と同じ立場にあったのである。

右の条文には難波津のことも、大輪田泊のことも見えないが、摂津の住道社で醸した酒は「難波館」で新羅客に給するのであるから、この場合の新羅客は難波津で上陸したのであろう。そうすると、生田社で醸した酒を「敏馬崎」で給された新羅客は、大輪田泊で上陸したものと思われる。敏馬崎の所在地は、生田社と同じ摂津国八部郡（郡界の移動で、ともに兎原郡に属することもある）に所在することからも、そう考えるのが妥当であろう。

ただひとつ気になるのは、敏売崎がふつうに考えられる大輪田泊の範囲より東にはなれていることであろう。大輪田泊の範囲は正確にはわからないが、現兵庫区の和田岬から東、広くとっても中央区のJR三宮駅や神戸市役所の南方、旧生田川の河口付近までであろう。ところがいま敏売崎の故地とされる敏馬《みぬめ》は、灘区岩屋の大阪湾に臨む海岸地域で、生田川旧河口より約二キロ東にある。その名から大輪田泊と関係が深いと思われる旧湊川の河口からすると、五、六キロはなれている。西方からくる船の場合は大輪田泊を通りこしたところである。新羅の客はすべて西方から来る。なぜそのような地で神酒を給したか。

こうした位置の敏売（敏馬）で酒を給したとすれば、使人たちはそれ以前に大輪田泊にはいって上陸していたかもしれず、神酒給与の意味も考えなおさなければならなくなる。私は現在灘区岩屋に比定されている敏売の位置は再考の余地があるのではないかと考えるのである。そもそも敏売の地を岩屋としたのは、この岩屋中町四丁目に式内社の汶売《みぬめ》神社が鎮座することによると思われるが、『延喜式』神名帳によると、汶売神社は生田・長田の二社とともに八部郡に所在する。八部郡は雄伴郡の後身で、この郡とこの郡の東にある兎原郡との境界は、さきに引いた『法隆寺資財帳』によると、現在の神戸市元町六丁目あたりを流れる宇治川の線であるから、『法隆寺資財帳』の成った奈良時代中期では、灘区岩屋は兎原郡の地に属し、汶売神社が所在したとは考えがたい。

しかし古代に郡界の変動がしばしばあったことも考慮に入れる必要がある。現に「神名帳」で八部郡に生田神社があるとしているのは、八部郡の東が少なくとも生田川の線までひろがっていた時期のあることを語る。さらに落合重信氏の研究[11]によると、八部郡条里は汶売神社の存する敏馬崎を第一条として始まっているという。これによると、現汶売神社が「神名帳」の汶売神社と同じと考えてよさそうに思える。けれども注意しなければならないのは、地上に残された人工の跡は、長い年月の間に人間の加えた労力の最後のものであることである。落合氏の発見した条里痕跡が八・九世紀のものかどうかの判定は困難というべきであろう。たいへん遠まわしないいかたになったが、要するに私のいいたいことは、汶売神社はもと大輪田泊の地にあり、のち現在の所在地に移ったのではないか、という疑問である。神社の遷祀はそれほど多くはないが、大和の式内社飛鳥坐神社は高市郡甘南備山より遷ったという例（『日本紀略』）もあり、汶売神社の神も、もとは能勢郡美奴売山に居たと『摂津国風土記』逸文にみえる。

　私がこのような疑問をもつのは、『万葉集』にうたわれた敏売の浦の状態が、現在の敏馬とちがいすぎるように思われるからでもある。もちろん古代と現代とは環境に大変化があり、『万葉集』も歌集である以上、デフォルメがあって、古代の状態をそのまま写したのではないという意見もあろう。それは承知しているが、「敏馬の浦を過ぐる時に、山辺宿禰赤人が作る歌」という題詞をもつ、巻六―九四六番歌は、

　御食《みけ》向かふ　淡路の島に　直《ただ》向かふ　敏馬の浦の（下略）

とうたっている。しかし生田川の河口よりさらに東へ二キロ余も行った敏馬のまむかうのはむしろ淀川の川口ないし難波津で、淡路の島影の一部は望めても、「真向かふ」といえるような関係にはない。

　敏馬の浦をうたった歌は、万葉第四期の歌人・田辺福麻呂の歌集中にもみえるが、つぎのようである。

敏馬の浦を過ぐる時に作る歌一首并せて短歌

八千桙の　神の御代より　百船の　泊《は》つる泊りと　八島国　百船人《ももふなびと》の　定めてし　敏馬の浦は　朝風に　浦波騒ぎ　夕波に　玉藻は来寄る（下略）

反歌二首

まそ鏡　敏馬の浦は　百船の　過ぎて行くべき　浜ならなくに

浜清み　浦うるはしみ　神代より　千船の泊つる　大輪田の浜

（巻六—一〇六五～一〇六七）

ここにうたわれる敏馬の浦は、「百船の泊つる泊り」であり（一〇六五）、「千船の泊つる」大輪田の浜の一部を構成している趣きがみえる（一〇六七）。

現在の敏馬の地形は、古代とは変化しているであろうが、「百船の泊つる泊り」となりうるような港湾があったようには思えないし、大輪田の泊りとは隔っている。また九四六番歌も一〇六五～六七番歌も、「敏馬を過ぐる時」という句が題詞にあり、机上空想の作ではなく、実景をみての作と思われる。歌人としてのフィクション、デフォルメがあるにしても、ここに描かれている景は、灘区岩屋の敏馬のそれとは考えられない。

くりかえしていうが、現在、汶売神社は灘区岩屋にあるが、かつて古代では中央区を流れる宇治川を東限とする八部郡内の海辺、すなわち大輪田泊の地域内にあったと考えたい。新羅の使人は、この汶売神社の近いところにある敏売崎で神酒の支給をうけて飲み、大輪田泊ひいて畿内の地に上陸する資格をみとめられたのであろう。

以上が日本を構成する六〇余か国中、他に例をみない独特の歴史をもつ摂津国の成立の事情である。論述中、推測によった所も少なくない。識者の批判・教正を請いたいと思う。

注

（1）近・遠を用いて地名の特色を示した例は、国名ではないが、ほかに近飛鳥・遠飛鳥がある。
（2）対馬は「つしま」と読まれる。すなわち「津の島」であるが、この国名（島名）は、「津のある島」であって、地名のウエイトは「津」より「島」にかかるとみるべきであろう。
（3）鎌田元一「律令制国名表記の成立」（同『律令公民制の研究』塙書房、二〇〇一年、初出一九九五年）。
（4）長山泰孝「国家と豪族」（『岩波講座日本通史』三　古代二、一九九四年）。
（5）天智九年（六七〇）に庚午年籍が造られた時に、「津国」の名称も成立していた可能性はあるが、津国の境域が定まるのはやはり天武朝であろう。令制「国」の境域の確定については、『紀』天武一二年（六八三）一二月条に、伊勢王以下官人・技術者が「天下を巡行して、諸国の境界を限分す」とある記事が重視されるが、畿内のような重要な地の「国」の境域はこれより早く定められたと考えたい。
（6）早川庄八『律令国家』（小学館『日本の歴史』四、一九七四年）四五〜四七頁。
（7）武庫川と猪名川が河口において合流したということは、地理・地形からみて信じられない、という説もある。
（8）淀川右岸（西側）の地域を、大和や河内側の人びとが「むこの国」と呼んだのではないか、と前稿で述べたが、前稿の補論として発表した拙稿「武庫と六甲」（『歴史と神戸』二三八、二〇〇三年）では、この考えは賀茂真淵『冠辞考』巻五にみえ、吉田東伍氏は大著『大日本地名辞書』のなかで賛同していることを指摘した。前稿とその補論は、ともに拙著『日本古代の氏族と国家』（吉川弘文館、二〇〇五年）に収めた。
（9）私の記憶では、少なくとも昭和初年から太平洋戦争のころまで、元町六丁目の北のあたりの宇治川沿いに、私設の市場があって賑っていた。
（10）難波津の位置については、拙稿「難波津と難波の堀江―大化以前を中心に―」（拙著『難波宮と難波津の研究』吉川弘文館、一九九四年）の第四節「難波津の位置」を参照されたい。要点を簡略に述べると、現在、大阪市中央区三津寺町付近とする説と、同区高麗橋付近とする説とが対立している。前者の説は明治時代からある説で、現在は千田稔氏が代表的論者であり、後者の説は、近年日下雅義氏の提出した新説である。私は後者の説に賛同している。

(11) 落合重信「神戸地方の条里」二節「八部郡の条里」(落合『神戸の歴史』研究編、後藤書店、一九八〇年)。落合氏の研究はきわめて綿密で、簡単には要約できないが、落合氏も本文前引の『法隆寺資財帳』および『行基年譜』によって、「雄伴(八部)・兎原の郡界は古湊川のあたりにあったとしなければならない」とし、その郡界がのち「湊川から汶売神社へと東に移ったのは、仁和二年(八八六)雄伴郡が八部郡に改称した前後とするのが妥当であろう」と考え、さらにのち郡界は岩屋より西の旧生田川に移ったとみる。しかし、そうではなくて、仁和二年の段階では八部郡と兎原郡の界は生田川の線となり、そののちさらに八部郡の郡界は東へ移って、汶売神社が現在の地に移ってきたのではないかと私は考える。どちらともいえないようだが、落合著『神戸の歴史』研究編六八頁に載る「図7、落合説による摂津国八部郡条里復元図」を見ると、私見は十分なり立つと考えられる。

第三章　称徳天皇山陵の所在地

はじめに

古代の天皇の墓所として宮内庁が指定し管理しているいわゆる山陵に誤りの多いことは、戦後多くの考古学者・古代史家によって指摘された。奈良時代の後期の歴史に大きな足跡を残した称徳（孝謙）天皇の山陵もその一つである。

しかし疑問であることは確かであっても、それでは正しい山陵はどれかと反問されると、それに答えられる山陵は、継体天皇陵と推定される大阪府高槻市の今城塚古墳の場合のほかは、それほど多くない。称徳天皇の山陵はその場所がほぼ推定できると思うので、以下に所見を述べることとする。ただし、奈良時代の天皇陵は火葬墓の時代にはいっているので、称徳天皇の墓所も大きな墳丘は築かれなかったと思われ、遺体を葬った墓そのものを確認することのできないことを、はじめに断っておく。

なおこの問題に関しては一九五四年に田村吉永氏が「称徳天皇高野陵考」（『史迹と美術』二四六）を発表して、称徳陵が西大寺の寺域の西部から西方にかけて存在することを論じた。私見は結論においてこの説に近く、改めて稿を起こすに及ばないと考えたこともあったが、田村説は地名に重きを置き、地形等についての論証が不十分であったためか、一般の承認を得にくかったようで、水野正好氏ほか著の『「天皇陵」総覧』（新人物往来社、一九九四年）の「称徳（孝謙）天皇陵」の項（原田憲二郎氏筆）では参考文献の欄にも取り上げていない。舘野和己氏の「西大寺・西隆寺の造営をめぐって」(1)では、その第2節「西大寺の敷地と称徳天皇陵」で田村論文を取り上げているが、舘野氏は田村氏が西大寺の西方を重視するのに対して北方を重視し、結論では『延喜式』にみえる東西五町・南北三町の兆域がどこであるかは「不明とせざるをえない」とする。田村説を認めていないと言えよう。

そこで私は、田村説の不備を補いながら称徳天皇陵の兆域を推定してみようと思うのである。

一　称徳天皇山陵の史料

はじめに現在、宮内庁によって治定されている称徳天皇陵について簡単に述べる。宮内庁のいう称徳陵は、奈良市北部に東西に連なる佐紀丘陵に営まれた佐紀盾並古墳群のうち西群に属する前方後円墳である。所在の地名は奈良市山陵町字御陵前。丘陵の西面の傾斜地にあり、古墳は前方部を西に向け、墳長一二七メートル、前方部幅七〇メートル、後円部直径八四メートル、前方部高一五メートル、後円部高一二メートルをはかる（今尾文昭「天皇陵古墳解説」〈森浩一編『天皇陵古墳』大巧社、一九九六年〉による。古墳の数値は古墳が傾斜地に造られたため、計測の基準により書物によって若干の差異がある）。佐紀陵山古墳（現、日葉酢媛命陵）と佐紀石塚山古墳（現、成務天皇陵）に隣接し、現在、佐紀高塚古墳とよばれていることは周知の通りである。築造年代は詳しい調査が行なわれていないので確定しにくいが、古墳時代前期末ないし中期初頭の古墳であることは衆目の見るところであろう。いずれにしても七七〇年（宝亀元）に没した称徳天皇の山陵でないことはいうまでもない。

そこでそれでは称徳天皇陵の本当の所在地はどこかということになる。まずそれを考える上の基本的な史料をつぎに挙げる。

〔史料1〕『続日本紀』宝亀元年八月戊戌（九日）

授二正五位下豊野真人出雲従四位下、従五位上豊野真人奄智正五位下、従五位下豊野真人五十戸従五位上一、以三父故式部卿従二位鈴鹿王旧宅一為二山陵一故也。

八月九日は、称徳天皇の没した八月四日（癸巳）の五日後である（以下、干支は略す）。鈴鹿王[2]の旧宅を称徳の山陵の地としたので、その代償として臣籍に降って豊野真人の姓を賜った鈴鹿王の子の位を昇進させたのである。鈴鹿王の死は七四五年（天平十七）九月四日、七六〇年（天平宝字四）閏八月十八日に出雲王・奄智王が豊野真人の姓を賜った。豊野真人五十戸はこの賜姓記事にみえないが、七六六年（天平神護二）十二月十二日に正六位上より従五位下に昇叙、豊野出雲と豊野奄智も同日に階一階を昇叙されている（以上『続日本紀』による）。

〔史料2〕『続日本紀』宝亀元年八月十七日

葬二高野天皇於大和国添下郡佐貴郷高野山陵一。

添下郡佐貴郷は『和名抄』では佐紀郷、西大寺蔵「大和国添下郡京北班田図」でも佐紀郷と記す。

〔史料3〕『延喜式』諸陵寮

高野陵（平城宮御宇天皇、在大和国添下郡　兆域東西五町、南北三町守戸五烟）

平城宮御宇天皇は称徳天皇を指す。

〔史料4〕「西大寺資財流記帳」巻一、縁起坊地第一

夫西大寺者　平城宮御宇宝字称徳孝謙皇帝、去宝字八年九月十一日誓願将敬造七尺金銅四王像、兼建彼寺矣、乃以天平神護元年、創鋳件像、以開伽藍也、居地参拾壱町、在右京一条三四坊、東限佐貴路（除東北角、喪儀寮）、南限一条南路、西限京極路（除山陵、八町）、北限京極路

巻一の巻頭の目録によると、本「資財流記帳」は四巻から成るが、現存するのは巻一のみである。巻一の巻末の日付によれば、作成されたのは七八〇年（宝亀十一）十二月二十五日で、称徳天皇を高野陵に葬った宝亀元年の一〇年後である。西大寺の創建は七六四年（天平宝字八）九月、称徳天皇が藤原仲麻呂の謀反調伏のため金銅四天王像の造立と造寺を発願したのに始まり、二年後の七六六年（神護二）十二月に称徳は西大寺に行幸している（『続日本紀』）から、このころまでにこの寺の四天王とそれを安置する四王堂は落成したのであろう。「資財流記帳」官符図書第五によれば、天平神護二年に封戸や薗が施入されているから、「居地」すなわち寺地三一町もこのときに施入されたのであろう。「西限京極路」の分註に「除山陵八町」とあるのが注目される。

〔史料5〕『本朝皇胤紹運録』

称徳天皇の項に次の註記がある。

神護景雲四八四崩、五十三、葬二大和国高野陵一、西大寺北也

『紹運録』の成立は室町時代であるが、註記は古い伝承を伝えているかもしれない。

称徳天皇陵に直接関係する史料はこれくらいであろう。佐藤信編『西大寺古絵図の世界』（東京大学出版会、二〇〇五年）によれば、鎌倉時代の「西大寺往古敷地図」（東京大学文学部蔵）には、右京北辺坊の二坊の三坪と四坪のあいだに「本願御陵」との記入があり、一六九八年（元禄十一）の日付をもつ「西大寺伽藍絵図」（西大寺蔵）および「西大寺現存堂舎絵図」（東京大学文学部蔵）には、西大寺の東北方の位置に「本願称徳天皇御廟」と記した小山

が画かれている。いずれも現称徳天皇陵の高塚古墳を指示するようで、高塚古墳を称徳陵に治定する根拠の一つになったかと思われるが、時代の下る史料なので、そのまま信ずることはできない。

二 西大寺の寺地

上掲の史料にもとづいて称徳陵の所在地を考えるのであるが、史料1・2・3・5にみえる山陵または陵が称徳のそれであることは文面から明白である。しかし史料4にみえる「山陵」がだれの陵であるかは文面からは厳密には明らかでない。[3] だが称徳天皇の発願による西大寺の寺地を兆域の一部とする山陵が、称徳天皇以外の天皇ないしこれに準ずる皇族の墓所であるとは考えられない。称徳の山陵と断定してよいであろう。以下この考えに従って論を進める。

上記五つの史料を検討すると、称徳陵についておおよそつぎのことが知られる。(イ)鈴鹿王の旧宅の地を含むこと（史料1）。(ロ)添下郡佐貴郷に在ること（史料2）、(ハ)東西五町・南北三町の面積（兆域）を持つこと（史料3）、(ニ)兆域のうち八町は西大寺の寺地の西部にあること（史料4）、(ホ)西大寺の北に所在したという伝承のあること（史料5）。

以上の五か条のうち、(ホ)は史料の年代が下るからあまり重視できない。山陵の場所を考える上でもっとも重視されるのは、一部にせよ具体的に山陵の所在地を語る(ニ)（史料4）である。史料4によれば、西大寺の寺地は、東は佐貴路、南は一条南路、西は京極路、北も京極路に囲まれた右京一条の三坊・四坊からなる長方形の土地で、

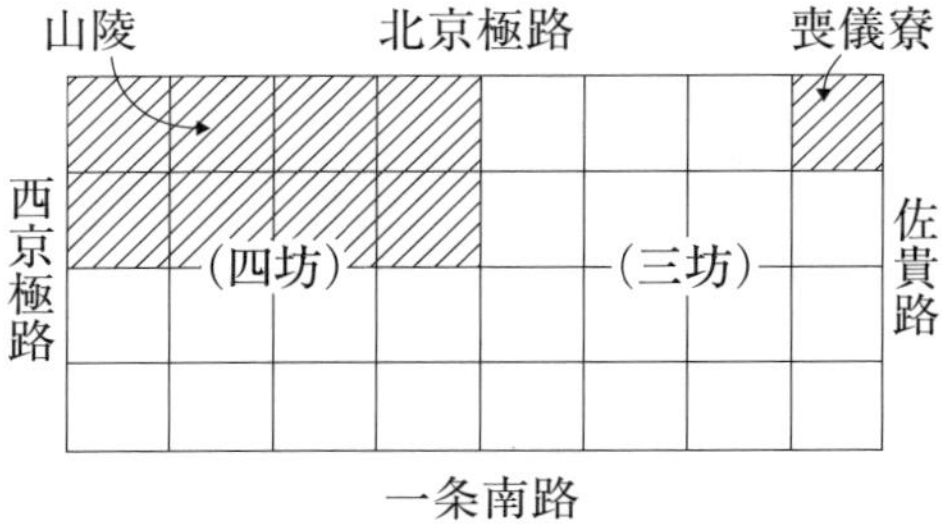

図1　創立時の西大寺寺地

三二町の面積であるという。一坊は一六坪＝一六町だから、三坊・四坊で三二町となるが、史料4の分註にあるように東北角の喪儀寮[4]の敷地が一町あり、それを差し引いて三一町が西大寺の寺地であったと考えられる（喪儀寮の敷地一町の位置は推定）。そして「西限京極路除山陵八町」とあるのは、上に推定した長方形の寺地の西の堺をなす西京極路に接して称徳山陵の地八町があったことを示す。その八町は寺地の西北部である一条四坊の北半に相当すると解するのが自然であろう。これについては後文で再説する（図1参照）。

しかし寺地（寺敷地）の範囲については異論が多い。本稿は西大寺の寺地について論ずるのが目的ではないし、紙面の制約もあるので、既往の研究史は簡略にするが、議論が錯綜するのは、(1)東限の「佐貴路」を二坊大路とする通説に対し、それより一町西の小路を指す、(2)北限の「京極路」は一条北大路ではなく、その北に設けられた北辺坊の北限の道をいう（この説も北辺坊を一町分とみるか二町分とみるかで、さらに説が分れる）、(3)山陵分として除かれた八町をどこに補充するか、補充しないか、というような問題があるからである。

ただし(3)の問題は、宝亀元年八月の称徳没後に起ることであるから、創建当初の寺地を考える場合は考慮に入れる必要はあるまい。以下(1)(2)について私見を述べる。

便宜上、先に(2)の北の京極路が一条北大路か、北辺坊の北限の道かという問題を取り上げる。北辺坊がいつ設けられたかは、一町分か二町分かという問題とともに種々の説があるが、西大寺の造営のはじまる七六四年（天

図２　遺存の地割、地名による条坊復原図

〔備考〕 図の中央を左上から右下へ斜めに走る線は近畿日本鉄道（近鉄）。その中ほどにある駅は大和西大寺駅、図右上に見える古墳のうち※を付した古墳が現称徳天皇陵。

平宝字八）にすでに成立していたかどうか、やや疑問であるが、最近の井上和人氏の研究[5]によれば北辺三坊までは二町分が設けられていたことは認めてよさそうである。しかしそれは地割として、あるいは近世以降の小字境界として認められるのであって、京極路といえるような道路の遺構は検出されていないようである。

一九七四年、岸俊男氏が中心になって調査・作製した「遺存地割・地名による平城京復原図[6]」をみても、京極路の痕跡といえるような地割を認めることはできない（図2参照）。なお、この地図には、平城宮跡のすぐ北を東西に一直線に走る線があるが、これは、この図を作るために、二枚の地図をはり合わせた時にできた線と思われる。道路の跡とは無関係である。これに対し、一条北大路の痕跡は、平城京一条の全域については認めることはできないが、右京の三坊・二坊および平城宮の北面については断続的に存在している。西大寺寺地の北を限る「京極路」は一条北大路と考えるのが妥当である。橿原考古学研究所編の「大和国条里復原国」（奈良県教育委員会、一九八〇年）を見ても、同様の結論をえることができる。

ここですこし問題になるのは、「西限京極路」である。平城京の西京極の地域は、一条から九条までほとんどが丘陵地帯で、京極路（四坊大路）の痕跡は残っていない。西の京極路は存在しなかったと思われる。それなのに「西限京極路」とある。しかしそうだからといって、北の京極の場合は、一条北大路が造られているのだから、路の造られていない北四坊（四坊の北辺坊）北限を北の「京極路」と言ったとは考えられない。

次に(1)の東限の「佐貴路」であるが、西限が西の京極路、南限が一条南路であることは「資財流記帳」によって疑いがない所へ、北限が一条北大路と確定すれば、佐貴路は右京二坊大路と考えないわけにはいかない。一町東の小路とすると、一条三坊における西大寺の寺地は一二町となり、一条四坊の一六町とあわせて二八町、喪儀寮の一町を除くと二七町で、四町の不足が生じる。佐貴路を二坊大路の東一町の小路とする論者は、不足の四町を北辺坊に割りあて、北辺坊の北限に北の京極路があったとするのであるが、それが不可能であることは、さきに論じた通りである。なお右京三坊・四坊の北辺坊は、おそらく西大寺建設の計画のはじまる天平神護元年（七六五）以後に、西大寺建設のために居住の地を失なう人々を収容する目的で造られたもので、西大寺の建設が計画された時点では、存在しなかったと考えられる。

かくして西大寺の創建当初の寺地は、本節のはじめのほうに記したように、二坊大路（佐貴路）・一条南路・西京極路（道路は実在しない）・北京極路（一条北大路）に囲まれた右京一条の三坊・四坊の地（ただし東北角の一町は喪儀寮）と考えられる。西大寺の寺地について多くの説がある（図3参照）が、それらは七七〇年（宝亀元）に称徳の山陵として割取された寺田八町の代替地や、その後の西大寺の勢力の消長にともなって獲得したり

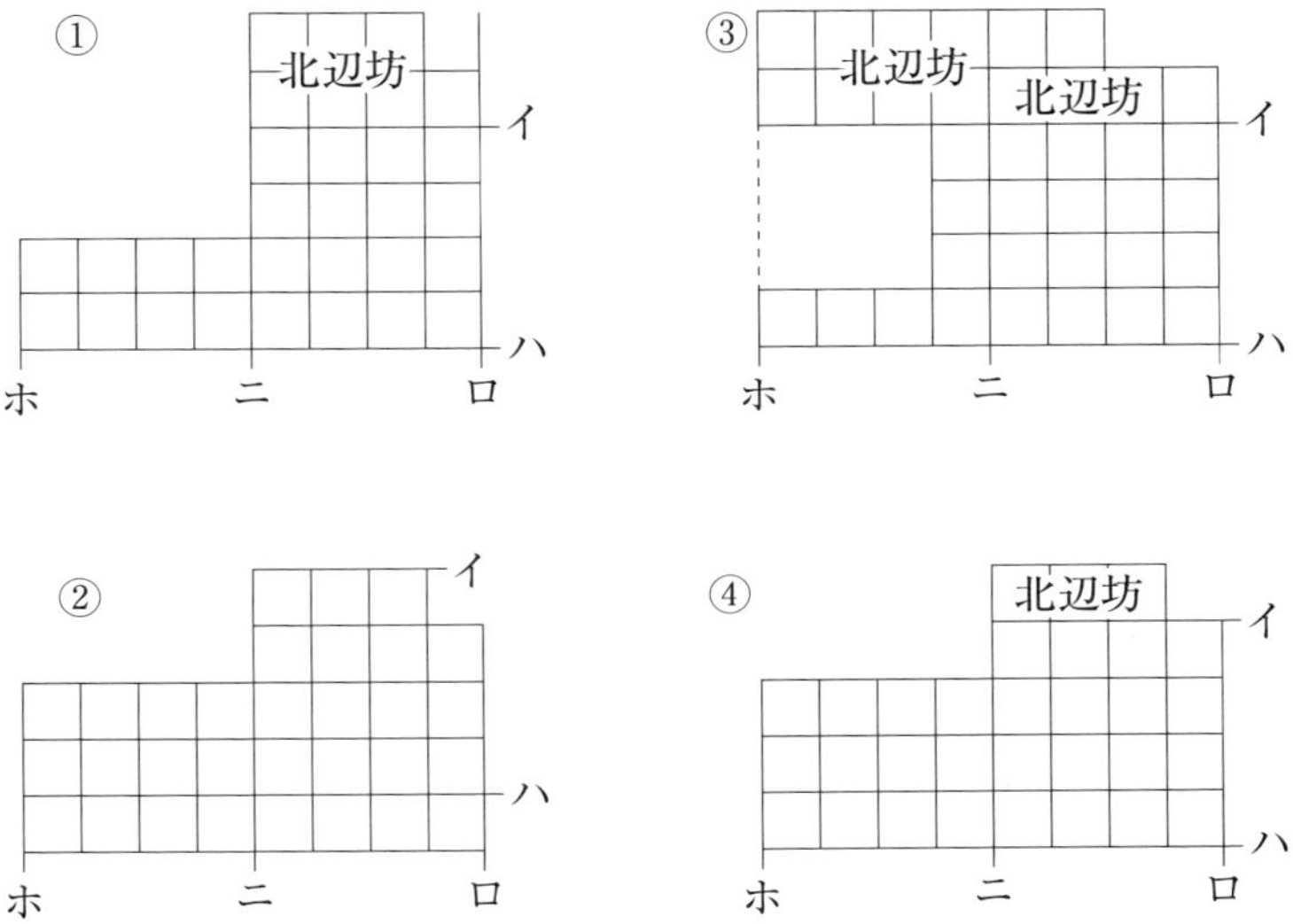

図3　西大寺寺地の諸説

〔凡例〕　イは北京極路（一条北路）、ロは佐貴路（右京二坊大路）、ハは一条南路、ニは右京三坊大路、ホは西京極路を示す。

〔解説〕　図3および「解説」は井上和人「平城京右京北辺坊考」（注（5））による。ただし、一部私見をもって改めたところがある。

図の①は大岡実「西大寺の寺地について」（『史跡名勝天然記念物』第8集4号、1966年）、②は中郷敏夫「西大寺の占地」（『考古学雑誌』25巻12号、1925年）、田村吉永「西大寺の居地」（『大和志』8巻10号、1941年）、③はたなかしげひさ『奈良朝以前の寺院の研究』、初出は1941年、④は大岡実氏が「西大寺」（大岡著『南都七大寺の研究』中央公論美術出版、1966年）の付記に記した説に、それぞれ依っている。

なお、関野貞『平城京及大内裏考』（1907年）、喜田貞吉「平城京の四至を論ず」（『歴史地理』8巻2・4・5・7～9号、1906年）、大井重二郎『平城京と条坊制度の研究』（1966年）の説は、図1に示した私見と同じである。

喪失したりした寺田に関する史料にもとづいて考えられたものであろう。それらの西大寺の敷地は複雑な形態をしたものが多いが、創建当初は「資財流記帳」の記すように、右京一条三坊・四坊という単純な形態であったに違いない。

寺地の確定に紙数を費やしたが、そうしなければ称徳天皇山陵の地を推定する手がかりとなる「資財流記帳」の「山陵八町」の位置を確定できないからである。

三　称徳天皇山陵兆域の推定

さてそれでは西大寺の寺地の中に設定された山陵の地の位置はどこか。それは多くの研究者の認めるように、西京極に接する一条四坊のうちの北半八町（一、二、七、八、九、十、十五、十六坪）であろう。四坊の西半八町（九、十、十一、十二、十三、十四、十五、十六坪）でも、「資財流記帳」の限りでは条件にあうが、それでは南北が四町になり、兆域が「南北三町」とする史料3の条件に適合しない。また四坊の南半八町は理論的には山陵の地の可能性はあるが、元来、墓地は喪葬令9皇都不得葬埋条に「凡皇都及道路側近、並不㆑得㆓葬埋㆒」とあるように、都＝京の中には設けるべきものではないとされていた。今、問題としている地もこれを山陵の一部とすることは、厳密に言えば令条に背くことになるが、称徳天皇を本願とする寺の土地であり、かつ京の西北端の地であるために山陵の一部とすることができたのであろうが、令の規定からすれば、なるべくならば辺陬の地の方がよい。そういう意味で四坊の南半は陵地の条件には適さないと考えられる。

そこで次の問題は、右京一条四坊北半の南北二町・東西四町にわたる地と、史料3（『延喜式』諸陵寮）にみえる南北三町・東西五町の兆域をもつ称徳天皇山陵の地との関係である。両者がまったく関係なく、新しく設けられたのが史料3の称徳陵であるならば、その位置を考える手掛りがなくなるが、陵の被葬者である称徳の建立した寺の土地を捨てて、新しく陵の地を求めるとは考えられない。史料3にみえる南北三町・東西五町の称徳陵の兆域は、史料4から推定される南北二町・東西四町の地を含み、これを拡張したものであろう。

舘野和己氏は本稿「はじめに」に記した論文（注（1）参照）で称徳陵の兆域について次のように言う。

四坊の北に一般に考えられているように南北二町分の北辺坊を想定すると、それは八町の面積になるから、それを全部兆域に含み四坊の寺域内の八町を加えると十六町になり、『延喜式』に見える兆域十五町を越えてしまう。そこでは東西五町、南北三町とあるから、そのような想定はできない。したがって具体的にどこまでを兆域とするかは不明と言わざるをえない。

舘野氏は史料2（『続日本紀』）の称徳天皇を添下郡佐貴郷に葬るという記事から、佐貴郷の位置を検討して、それが西大寺の北方であることを明らかにした。称徳陵の兆域を考えるのにいちおう北辺坊八町に注目したのはその結果であろう。佐貴郷に関する検討の結果に誤りはないと思うが、陵域を寺内の八町と西大寺の北方にのみ限らなくてもよいのではないか。私は西大寺の西方へも眼をむけたい。

西大寺の西を重視するのは、これもさきに記した田村吉永氏である。田村氏は前掲の論文「称徳天皇高野陵考」で、西大寺の西方に旧地名で生駒郡伏見町大字西大寺小字高塚のあることを指摘し、この地をもって称徳天皇高野陵と推定した。いかにも橿原考古学研究所編『大和国条里復原図』（前掲、一九四ページ）の№13の図幅には、西大寺の西方に高塚という地名が見える。右京三坊大路の中軸線からの距離は概算五七五メートルの地で、一坊

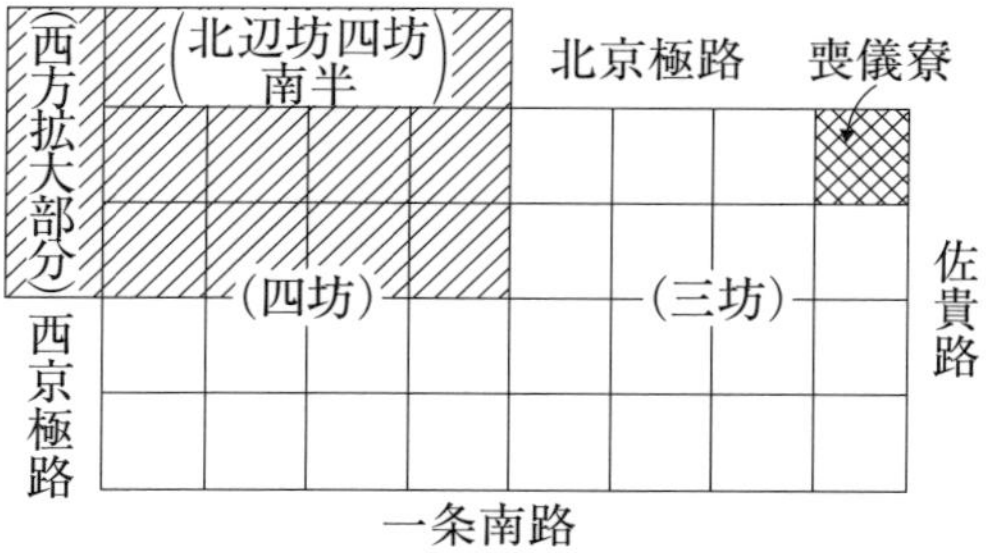

図4　称徳天皇山陵北域（▨の地）

の大きさは一五〇〇大尺四方、メートルに換算して約五三二メートル四方であるから、京外の地とみてよかろう。

しかし「高塚」は「高野」でないから、[7]「小字高塚の地を以て高野陵と推定する」という田村氏の説には疑問を入れる余地がある。しかしそれよりも田村説で問題と思うのは、

①「高野陵推定地たる高塚に於いてみるに平城京西京極路と推定さる、ものは小字高塚の略中央部を南北に頒ち」

②「然かもそれより東方の高塚地域は一条四坊内に位置しその面積凡八町に亘っている」

③「高塚の区域は東西約五町、南北約三町に亘っている」

（補註　①・②・③は便宜上筆者の付したもので、田村氏の原文にはない。①と②の文は接続する）

の各条である。①では、さきに記したように私の計測では西京極路は小字高塚の東にあるが、それはさておいても、南北に通ずる西京極路が「高塚の略中央部を南北に頒ち」というのは道理にあわない。「東西に頒ち」の誤りであろう。②では、「それ（西京極路）より東方の高塚地域」が「一条四坊の凡八町」に亘るというのは証明が伴っていない。③の高塚の区域が「東西約五町、南北約三町に亘っている」というのも同様である。田村氏自身が「小字」というように「高塚」というのは狭小な地域—前記「大和国条里復原図」によって測ると南北約七五メートル、東西約三五メートル—である。それがどうして東西五町・南北三町の地区に亘ると言えるのか、信

じ難い。高塚という小字名を発見し、陵域が一条四坊の一部とその西方に亘るという重要な提案をしながら、田村説を顧みる人が少ないのは、こうした史料の恣意的な扱いのためではあるまいか。

さきにもふれたように、私は高塚と高野とは区別したほうがよいと思うが、塚は墓所を意味する場合が多く、称徳の埋葬地がその付近にあった可能性は高いと考える。したがって称徳陵の兆域は一条四坊から西京極路（実際の道路は存しないが）を越えて西へひろがっていたと思われる。

しかし西方だけではあるまい。舘野氏が明らかにしたように称徳天皇の葬られた佐貴郷の主な領域が西大寺の北方にあるのだから、陵の兆域は北へもひろがっていたと考えられる。

つまり称徳陵の兆域は、右京一条四坊の北半八町を含み、その北および西にひろがって、南北三町・東西五町の広さを持つというのである。そういう土地を求めるのは、現実はともかく図上では容易である。まず北辺坊四坊八町のうち南の四町（二、三、六、七坪）を、一条四坊の八町に付加する。そうすれば南北三町・東西四町の土地が成立する。それを西方へ一町分拡大すれば、南北三町・東西五町の地となる。私の計測では、小字高塚は西への拡張部のなかにはいる。地割がどこまでできていたかは疑問だが、この範囲が称徳天皇の山陵と推定される（図4参照）。

むすび

称徳天皇山陵の位置と範囲（兆域）を私は以上のように考えるのであるが、この推定は、第二節で五つの史料から考えた条件のうち、(ロ)の添下郡佐貴郷に在ること、(ハ)の兆域が南北三町・東西五町であること、(ニ)の兆域のうち八町は西大寺の寺地の西部にあること三つに適合する。(ホ)の西大寺の北に所在するという条件にも矛盾しない（北辺坊四坊は西大寺の北である）。

(イ)の鈴鹿王の旧宅の地を含むという条件に適合するかどうかは不明だが、鈴鹿王旧宅の所在地が分からないのだから、やむを得ない。しかし近年、西大寺の古図の研究[8]や発掘調査[9]によって称徳天皇の山荘が北辺坊四坊の三坪・六坪のあたりにあったとする説が有力になっているようである。それが認められるならば、鈴鹿王も別業を北辺坊四坊の二坪か七坪あたりに持ち、史料1にいう「旧宅」はそれである、ということも考えられるであろう。

最後にもうひとつ言っておきたいのは、一九三七年（昭和十二）十二月八日から同月二十二日の間に、奈良市西大寺町畑山から出土した開基勝宝三一枚についてである。この金銭が七六〇年（天平宝字四）三月に鋳造されたことは『続日本紀』にみえるが、上の発見に至るまで出土が知られるのは一七九四年（寛政六）四月、西大寺の西塔跡からの一枚だけであった。一九三七年の出土の場合は、十二月八日にまず二五枚が出土したのであるが、田村吉永氏の報文[10]によると、出土地点は、「西大寺十五社明神の社前方から西方あやめ池に通ずる道路が山地に入ると右折して大軌電車（現在の近鉄―直木）路を横断する。この踏切の東方約一町線路の南僅々田地を隔て、近接する丘陵で、元来野山であったものを地均し中偶然出土したものであった」という。この道路および踏切は今も存し、出土地点は小字高塚の東北およそ二五〇メートルぐらいであろう。近年の調査によって知られるようになった前述の称徳天皇山荘推定地にも近接する。

現在では三一枚の開基勝宝は称徳天皇の山荘に収蔵された品とみる意見が優勢のようである。それももっともであるが、称徳天皇山陵へ厭勝銭として納められたものの可能性はないだろうか。もしそうなら、称徳山陵の範囲を考える上に有力な手がかりとなるだろう。
以上、かなり大胆に仮説をまじえながら私見を開陳した。匡正を得ることができれば幸いである。本稿をなすについて前記『西大寺古絵図の世界』によるところが多い。記して謝意を表する。

注

（1）舘野和己「西大寺・西隆寺の造営をめぐって」（佐藤信編『西大寺古絵図の世界』東京大学出版会、二〇〇五年）。

（2）鈴鹿王の旧宅の位置は不明だが、舘野氏は注（1）の論文で次のように言う。本来、王族・官人の宅地は京内に在るが、この場合の鈴鹿王の旧宅というのは別業であって、京外に存したのであろう（要旨）と。従うべきであろう。

（3）上野竹次郎氏はその著『山陵』上（一九二四年）の称徳天皇陵を解説したところで「資財流記帳」を引きながら、「所謂山陵八町ハ何陵ヲ指スカ、未ダ考へ得ズ」と言っている。

（4）「資財流記帳」では「喪儀寮」とあるが『令義解』職員令では「治部省喪儀司」である。『続日本紀』には喪儀司が寮に昇格した記事はなく、八〇八年（大同三）鼓吹司に併合されたことが『令集解』にみえる。「西大寺資財流記帳」には近世以前の古写本がないが、「喪儀寮」とするのは伝写の誤りではあるまいか。

（5）井上和人「平城京右京北辺坊考」（佐藤信編『西大寺古絵図の世界』〈注（1）参照〉）。

（6）「遺存地割・地名による平城京復原図」（奈良市『平城京朱雀大路発掘調査報告』付図、一九六四年）。

（7）田村吉永氏は前掲「称徳天皇高野陵考」のなかで、「高塚は高ノ塚であって高野陵を現わす名残りである」と言うが、強弁であろう。

（8）橋本義則「古代の文献史料と『称徳天皇御山荘』」（橋本著『平安宮成立史の研究』塙書房、一九九五年）。ただし橋本氏は、山荘跡伝承地が北辺四坊三・六両坪にわたることを認めながら、多くの問題点があるとし、三・六両坪にあったと主張してはいない。

（9）発掘の成果は町田章著『平城京』（ニュー・サイエンス社、一九八六年）に簡潔にまとめられている。それ以降の研究については、私はつまびらかでない。
（10）田村吉永「開基勝宝の出土」（『大和志』五巻一号、一九三八年一月）による。高田十郎氏の「黄金銭三十一枚の出土」（高田著『奈良百題』青山出版社、一九四三年）には、「（出土の場所は）西大寺の今の境内から四五町の西。土地の持主たる大阪の高味新七氏が、借屋を建てる目的か何かで地ならし中、人夫の鍬さきから（出土した）」とある。

補論1　小字高塚について

私は前掲の論文「称徳天皇陵の所在地」（以下、本論文という）の「はじめに」において、田村吉永氏に称徳天皇陵の所在を論じた「称徳天皇高野陵考」という論文のあることを述べ、本論文の三「称徳天皇山陵兆域の推定」の節で、田村氏が西大寺の西方に小字高塚の地名のあることを指摘し、「小字高塚の地を以て高野陵（称徳天皇陵を指す―直木）と推定する」と論じたことを述べた。しかし田村氏が西大寺の西に高塚という小字名を発見したことは重要であるが、小字というのであるから、それほど広い地域にわたるとは思われない。田村氏が「高塚の区域は東西約五町・南北約三町に亘っている」というのは事実であるのか。そう思って橿原考古学研究所編『大和国条里復原図』を検べて、高塚という小字が西大寺の西方にあることを確認したが、本論文に記したように、その小字高塚は南北約七五メートル、東西約三五メートルの狭小な地域であって、これをもって面積一五町歩におよぶ高野陵の地域の範囲を推定するわけにはいかない。

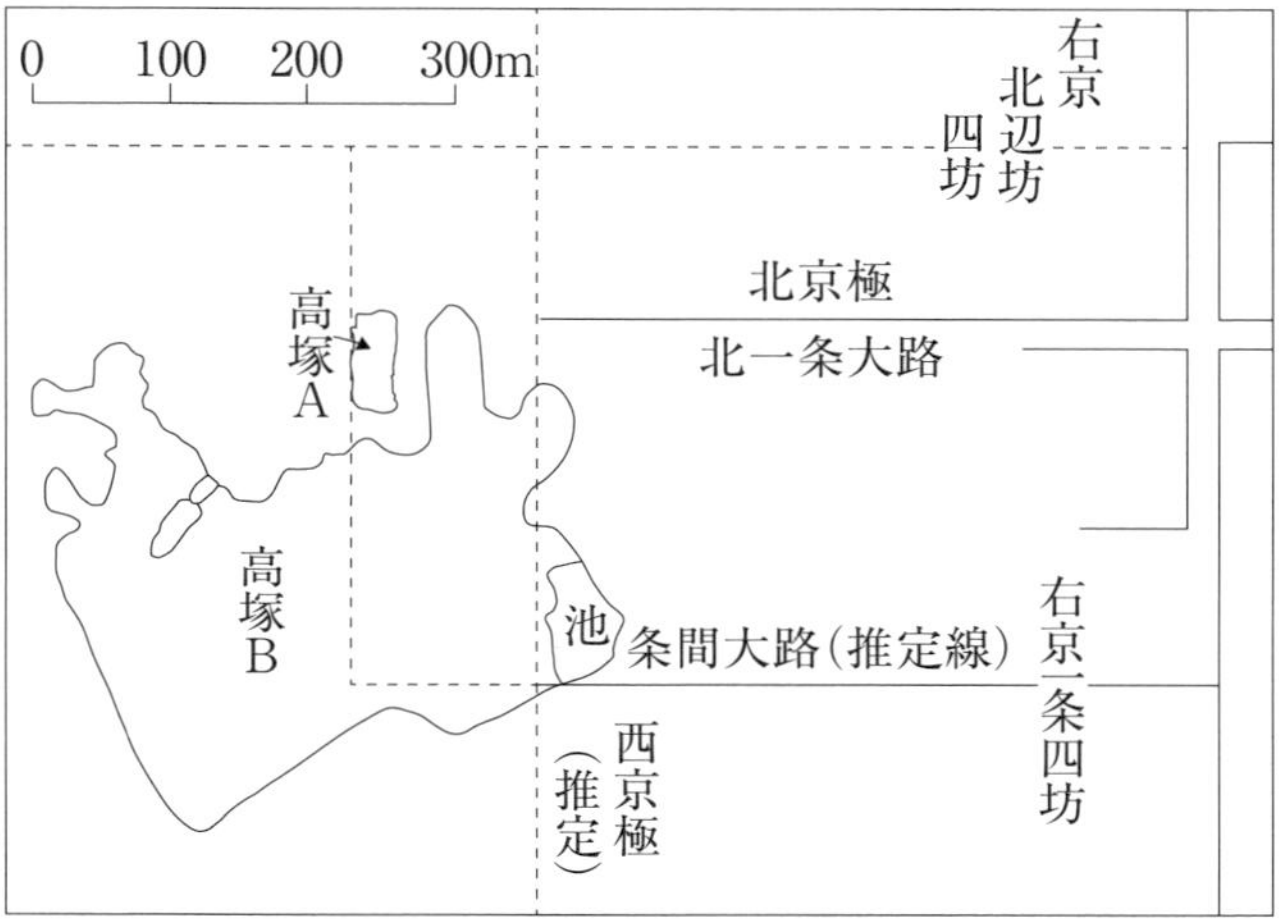

図　西大寺西方の小字「高塚」の位置と大きさ

このように考えて、私は田村説を捨てて別に私見を組みたて、本論文を書いたのであるが、公刊後、東野治之氏から「『大和国条里復原図』をみると、高野という小字名はもう一つありますね」という指摘を受けた。おどろいて右の『復原図』を再検討すると、私の着目した小字高塚の南のそれほど隔たらないところに、もう一つ小字高塚があるのに気がついた。さきの「高塚」を「高塚A」、この高塚を「高塚B」とすれば、高塚Bは形が不整形であって、寸法を明示しがたいが、広い所をとると東西約三〇〇メートル、南北約二五〇メートルほどの大きさがある。とくに注目されるのは、高塚Bの輪廓が、北部の線は崩れているが、東・南・西の線からすると、かつて前方後円墳が存在したのではないかと思われることである。高塚という地名も、この考えを支持する。

ただ、輪廓線の示すところでは、現状で長径が約三〇〇メートルあり、大きすぎる感があるが。末永雅雄氏のいう周庭帯を含めての数値かもしれず、古墳の可能性はのこる。上に『復原図』にもとづいて、二つの小字高塚の形を示した地図を掲げて、識者の教示を待ちたいと思う。

いずれにしても、高塚という地名はかつて古墳のあったことを示唆はするが、高塚形式の古墳が消滅して半世紀以上のちに（称徳天皇の死は七七〇年）造営されたと考えられる高野陵とは関係がないと考えるべきであろう。

補論2　北辺坊四坊について

本論文で述べたように、私は称徳天皇陵の兆域を右京一条四坊の北半八町と、右京北辺坊四坊の南半四町および京域外の西方の三町の計一五町から成ると考えるのであるが、北辺坊四坊の坪割・坪名について述べておく。

北辺坊とは平城京の北の京極をなす一条北大路の北に存する京の張りだし部分をいうのであるが、左京にはその存在は認められず、右京の二・三・四坊の北に南北二町、東西は各坊四町ずつ、計一二町にわたる広さを占める。換言すれば二・三・四の各坊が半条分、京極の北へ拡張されているというのが、今日では定説となっていると言ってよかろう（井上和人「平城右京北辺坊考」本論文注（5）参照）。

16	9	8	1
15	10	7	2
14	11	6	3
13	12	5	4

図1　平城京右京坊坪図

8	5	4	1
7	6	3	2

図2　平城京右京北辺坊坪図

ふつう京内の一坊の大きさは東西四町・南北四町で、一六町の面積があり、一町（一町四方）を坪と呼ぶので、一六の坪から成っているとも言える。各坪には番号をつけ、左上に図示するように右京の場合は東北の隅の坪を一ノ坪とし、順次番号をつけ西北の隅の坪を一六ノ坪と呼ぶ。北辺坊の場合はその半分の八坪なので、一ノ坪からはじまり、八ノ坪で終る（図1・図

2参照)。称徳陵の兆域にはいるのは、坪の番号でいうと、右京北辺坊四坊の二・三・六・七の四つの坪である。

以上、本論文で論じた称徳陵の兆域を理解してもらうため、平城京に関心の深い人には不要かと思うが、念のために補説した。

第四章　大宝以前の山上憶良

はじめに―憶良の経歴の問題点―

山上憶良は大宝元年（七〇一）正月丁酉（二十三日、以下日付の干支は数字に換算して記す）、遣唐使四等官最下位の少録に任命されたことが『続日本紀』に見える。周知のように粟田朝臣真人が遣唐執節使、高橋朝臣笠間が大使、以下は「右兵衛率直広肆坂合部宿祢大分を副使とし、参河守務大肆許勢朝臣祖父を大位とし、刑部判事進大壱鴨朝臣吉備麻呂を中位とし、山代国相楽郡令追広肆掃守宿祢阿賀流を小位とし、進大参錦部連道麻呂を大録とし、進大肆白猪史阿麻留・无位山於憶良を少録とす」とある。「山於憶良」が「山上憶良」と同一人物であることは研究者の間に異論はない。「於」の字は東山御文庫本、高松宮本は「上」に作る（新日本古典文学大系『続日本紀』に拠る）。小位以上の使人については現官職を記すが、大録以下の三人については官職の記載がない。官職を持たなかったのではなく、記載を省略したのであろう。

これ以後憶良は、和銅七年（七一四）正月五日条に正六位下より従五位下に叙せられた記事をはじめ計三回、いずれも「山上臣憶良」として姿を見せているが、いわゆる正史の『続日本紀』等では、右の大宝元年正月条が初見である。

『万葉集』にみえる憶良の歌は、憶良の作かどうか問題のある「筑前国志賀の白水郎の歌」十首（巻十六）や、憶良作とする説もある「竹取の翁の歌」長歌一首・短歌十一首（巻十六）等二十数首を除いても、長歌十一首（無署名の一首を含む）・短歌五十三首（無署名の反歌三首を含む）の多数にのぼるが（村山出氏(1)による）、大宝元年正月の遣唐使任命以前の作と考えられる歌はきわめて少ない。「幸二于紀伊国一時川嶋皇子御作歌或云山上臣憶良作」という詞書をもつ巻一―三四番歌、

白波の　浜松が枝の　手向草　幾代までにか　年の経ぬらむ

だけであるとするのが、現在の通説であろう。詞書には「川嶋皇子御作」とあるが、その注にいうように憶良の代作とみるのである。持統天皇が紀伊に行幸したのは持統四年だけであるから、その時の作と考えられる。もう一首、巻九―一七一六番歌、

白波の　浜松の木の　手向草　幾代までにか　年は経ぬらむ

は、詞書に「山上謌一首」とあるが、三四番とよく似た歌で、同じ歌の異伝とみられている。

もう一つ憶良の初期の歌に、「長忌寸奥麻呂、結び松を見て哀しび咽ぶ歌」という詞書をもつ「磐代の　岸の松が枝　結びけむ　人は反りて　また見けむかも」（巻二―一四三）他一首に「追和する歌」

翼なす　あり通ひつつ　見らめども　人こそ知らね　松は知るらむ　（巻二―一四五）

があるが、奥麻呂の歌は大宝元年十月の文武天皇の紀伊行幸(2)の時の作と考えられるので、それに追和した憶良の一四五番歌は、遣唐使任命の大宝元年正月以前ではありえない。

このように大宝元年以前の憶良を考える史料として現在私たちに残されたものは、きわめて少ないのである。しかも大宝元年における憶良の年齢は、彼が天平五年（七三三）に記した「沈痾自哀文」（巻五）に「是時年七十

有四」とあることから逆算して、出生は斉明天皇六年（六六〇）で、大宝元年には四十一歳に達していたと推定される。このとき彼が無位であったことは、前掲の『続日本紀』の遣唐使任命記事に見える通りである。通常の官途についておれば、四十一歳まで勤めて無位ということはまれである。無能あるいは病身の下級官人ならそういう場合もないではなかろうが、相当の学才がなければ、下級とはいえ高度の学識を必要とする遣唐使の一員に任ぜられることはあるまい。また遣唐使には海陸にわたる長途の旅に耐える健康が必須の条件で、病弱者が採用されるはずはない。一体四十一歳まで憶良はどんな経歴をたどったのであろうか。

従来いろいろの説が提出されているが、私見をもってすれば問題点はすべて解決されたとはいえないように思われる。まず先行の諸説を検討し、その後に私見を対置することとする。

一　舎人と位階

大宝元年以前の憶良の経歴について論ずる場合、手がかりとなるのは前に述べたように持統四年の時点で川島皇子の代作者として歌を作っていることである。このことから、このころ憶良は川島皇子に仕える舎人（大宝令制では帳内）か、そうでなくても川島皇子以外の貴族に仕える舎人あるいは舎人に類した最下級の官人として朝廷に仕えていたことが想定できる。

前出の磐代の結び松の歌二首（一四三、一四四番）を作った長忌寸奥麻呂も、代作をしたのではないが、天皇の行幸に従って作歌している点で、憶良と似た立場にあった下級官人であろう。また「大宝元年辛丑、紀伊国に

幸《いでま》す時に、結び松を見る歌一首」という詞書をもつ一四六番歌、

後見むと　君が結べる　磐代の　小松がうれを　また見けむかも

は、詞書の注に「柿本朝臣人麻呂の歌集の中に出づ」とあるところから、人麻呂の作としてよいと思われる。この時期、歌人としての地位はもちろん人麻呂が他の二人を圧倒していたであろうが、官人としての立場は類似する。その点では大宝二年に「太上天皇（持統）」が参河国に幸した時、

いづくにか　舟泊てすらむ　安礼の崎　漕ぎたみ行きし　棚なし小舟　（巻一―五八）

と詠み、年次不明ながら、「太上天皇」が吉野宮に幸した時に、

大和には　鳴きてか来らむ　呼子鳥　象の中山　呼びぞ越ゆなる　（巻一―七〇）

と詠んだ高市黒人も同様である。

これらの点から、柿本人麻呂・長奥麻呂・高市黒人・山上憶良らは宮廷歌人のグループをなし、交流・交際していたのであろうということは、早く村山出・橋本達雄両氏(3)らによって詳細に論じられている。従うべき見解であろう。

ただしその宮廷歌人グループのなかで、人麻呂は別格としても、奥麻呂は十三首、黒人は十九首の歌（すべて短歌）を残しているのに対し、大宝以前の憶良は小異のある異伝歌を含めて二首しか作歌が伝えられていない。渡唐中の歌（巻一―六三）と渡唐直前または帰朝後まもなく作ったと思われる歌（巻二―一四五）を含めても四首である。そのように数が少ないのは、作品の散逸という事情によるのかもしれないが、彼のかかわりをもった川島皇子が持統五年という早い時期に死去したことにもよるであろう。しかし、より大きな理由は、彼が宮廷歌人には向かなかったことにあるのではないかと思われる。

その点の考察は本稿の主題とはずれるので別稿に譲るが、憶良は奥麻呂のように宴席において興を盛りあげる歌を作る才能や、黒人のように羈旅の情趣を味わい深く詠みあげる手腕はなかった。彼の作には、「いざ子ども早く大和へ　大伴の　三津の浜松　待ち恋ひぬらむ」（巻一―六三）の歌のように、時に応じて適切な作もあるのだが、多くは理窟っぽく、無器用で、宮廷の歌には適さなかったのではあるまいか。要するに憶良は宮廷歌人として出世できるような男ではなかったのである。

いうまでもなく律令官制に宮廷歌人という職はない。おそらく宮廷歌人といわれる人々の多くは舎人[4]として朝廷に仕え、日常は種々の雑用に従事し、時に応じて召し出されて作歌し献呈したのであろう。それが度重なり、高級官人・貴族の気に入られると、式部省の考選を経て叙位にあずかり、寮や司の四等官の下の史生の職を得、さらに主典の地位に進むチャンスも開けてくる。人麻呂はこのコースを辿り、史生から国司第四等官（大宝令制では主典、浄御原令制では史か[5]）に進んだのではなかろうか。人麻呂は晩年石見国の国司となったことが『万葉集』から知られるが、第四等官の目《さかん》より上位の掾、あるいは守まで進んだかも知れない[6]（石見国は中国だから介は存しない）。

奥麻呂や黒人は人麻呂ほどは目だたなかったであろうが、太政官八省の寮・司の史生あるいは主典（寮なら属、司なら令史）ぐらいの地位を得たのではないかと思われる。そうなれば位は司の場合で大初位下ないし少初位下である（浄御原令制では進大弐ないし進広肆）。

憶良は宮廷歌人として目立たず、その線での昇進の機会に恵まれなかったかもしれない。しかしそうだからといって、それが大宝元年に彼が無位であった原因とは思われない。なぜならさきに仮定したように舎人として朝廷に仕えていたならば、年限によって位階を得るチャンスは十分あるからである。浄御原令制の考選（勤務評定

による昇進）の規定は明確ではないが、『日本書紀』持統四年四月十四日の条に、

百官の人及び畿内の人の、位有る者は六年を限れ。位無き者は七年を限れ。其の上日を以ちて九等に選び定めよ。四等より以上は、考仕令に依り、其の善・最・功・能・氏姓の大小を以ちて、量りて冠位を授けむ。
（下略）

という詔を載せる。考仕令は養老令の考課令に当り、官吏の考選・叙任のことを定める。官人および畿内出身者は、有位の者は六年、無位でも七年、官に勤務して出勤日数が規定の日数に達すると、考選に預る資格が生ずるのである。憶良は畿内に本貫を持つと思われる（後述）が、彼ほどの人物が持統の朝廷に勤めていたら、持統四年には無位であっても、十年後の大宝元年までには、最低の位階にせよ有位官人になれそうなものである。

上日が考選の条件になっているが、さきに触れたように遣唐使は大海を越え、中国大陸の奥深い長安まで往復するのだから、相当の健康体でなければ勤まらない。病身のために上日の日数が少なく、叙位の機会を失ったのであれば、遣唐使に採用されるはずがない。

なお養老令制の選叙令14叙舎人史生条（大宝令制もほぼ同じと思われる）には、

凡叙㆓舎人、史生、兵衛、伴部、使部、及帳内、資人㆒、並以㆓八考㆒為㆑限。八考中、進㆓一階㆒、四考中、四考上、進㆓二階㆒、八考上、進㆓三階㆒叙。

とある。八年間勤務して、毎年の勤務成績が中級であれば一階昇進する。無位は少初位下に叙されるのである。浄御原令制の昇進の年限は、これより二年ないし一年早い(7)。

村山出氏は、憶良の任務として宮廷歌人以外の場合を想定する。氏は、天武十年（六八一）三月、詔によって「帝紀と上古諸事を記定せしむ」という修史事業が始まったときの責任者の筆頭に、川島皇子の名が見えること

に着目し、皇子は修史のために学才のすぐれた者を集めて史料の蒐集・整理に努め、憶良もその一人として「川島皇子のもとに出入りを許され（中略）、それをきっかけに皇子邸の文学サロンに加わるようになったようである」[8]と推測している。そして川島皇子は持統五年に死去するが、その後も「修史の仕事に従うなかで憶良の学才が高く評価されたと考えられる」とする。

たしかにありうる想定であるが、そのように修史の学才が認められて勤務しているならば、よけい叙位にあずかりそうなものである。舎人またはそれに準ずる地位にあったとしたならば、大宝元年、四十一歳で無位ということは説明しにくいのである。

なお浄御原令制では、朝廷の諸官司や皇族・貴族に従属して警備をふくむ雑用に当る諸種の下級官人を舎人と呼び、大宝令制ではそれが分化し、職務の種別によって舎人・兵衛・使部・帳内・資人等と呼ばれるようになったと考えられる。[9]

二　写経生説

大宝以前の憶良の地位として、宮廷歌人または修史事業に従事する舎人などの下級官人ではないかとする説とともに有力な説は、経師や写経生[10]ではないかとする意見である。

中西進氏の紹介によれば、渡部和雄氏は一九六二年の学会において、憶良は川島皇子舎人、帰化人系白丁・位子、または史書・写経関係のものであろうことを口頭で発表した、とのことである。[11]それについで写経生説を強く主張したのは村山出氏であろう。村山氏は一九七二年に発表した論文[12]で、井上薫氏の写経所・写生・校生に関する研究[13]を参照して、憶良は某寮の舎人となって写経機関に動員され、ある時期写経に従事したと考え、「このような（写経の）経歴は憶良文学の開花にとって重要な意義を持つであろう。精魂を傾けて書写、校正した経典語は彼の脳裏に刻みこまれたに違いない」と推定する。一九八三年の著書（註（8）参照）では、写経生としての骨身を削る労苦が、彼が晩年にさいなまれた病苦の遠因になったのかもしれない、とも想像している。

『山上憶良』[14]の大著の著者中西進氏は、右の書物のなかで、日本史関係の研究者の説を参照して無位の憶良が写経生から一般官人へ進むことのはなはだ困難であることを論じ、写経生説に難点のあることを指摘しながらも、「（川島皇子に仕える—直木補）単なる帳内として官途につき、やがて素養を得たという漠然とした推定よりは、遙かに高い蓋然性をもつ」として、渡部氏の着眼—すなわち写経生説—を高く評価した。

憶良は数多い万葉歌人のなかで、きわだって仏教の思想や経典についての知識の深いことで知られるが、写経生の経験を積んだという推測はこの憶良の特色の説明に有効で、たしかに捨て難い説である[15]。しかしなぜ大宝元年においても憶良は無位かという問題は、依然として解けない。くりかえしになるが、かりに川島皇子の死去する持統五年（六九一）から写経生として勤務したとしても、前にふれたように大宝元年まで十年あり、叙位されて有位官人となることは十分に可能である。

奈良時代の例だが、神亀五年（七二八）九月廿三日書写の「大般若波羅蜜多経」巻二六七の奥書に、「装潢図書寮番上人无位秦常忌寸秋庭」の名が見える（『大日本古文書』二四―五ページ）。この時秦常秋庭は無位で装潢（表具）の仕事に従事していたのだが、それから五年後の天平五年（七三三）の「右京計帳」には、

課戸主少初位上秦常忌寸秋庭　年参拾肆、正丁 左目後黒子 図書寮装潢生

とある（『大日本古文書』一—四九五ページ）。彼が装潢生となった年次は不明だが、五年の間に無位から二階上って少初位上となっている。

年齢は不明だが、低い位階を持つ写経生は少なくない。一例をあげれば、天平五年八月十一日付の「皇后宮職移」には六人の経師の名が見えるが（『大日本古文書』一—四七六ページ）、大初位上一名（船花張善）・少初位上一名（安子子君）・少初位下二名（秦双竹・辛金福）と無位二名（安曇連広浜・酒豊足）である。経師が無位から有位へ進んで行くさまがうかがわれる。経師と装潢生（装潢手ともいう）は任務は違うが、写経機関内での地位はほぼ同等であった[16]。時代が下るが、このような実例からも、憶良が写経に従事していたとしたら、大宝元年に無位というのは理解しにくいのである。

憶良=写経生説についてもう一つ注意しておきたいことがある。憶良が若かった天武・持統朝は奈良時代ほどには写経事業が盛んでなかったと思われることである。『日本書紀』によれば、持統末年までに行なわれた写経事業は、天武二年三月条の「書生を聚めて始めて一切経を川原寺に写さしむ」とあるのと、持統八年五月条の「金光明経一百部を以て諸国に送置せしめ、必らず毎年正月上玄を取りて読ましむ」とあることから推測される金光明経の書写が、おもなものではなかろうか。

もちろん右は『日本書紀』にみえるところで、大化以後、仏教は朝廷によって振興奨励され、ことに天武・持統朝には国家仏教が盛んとなり、朝廷によって大官大寺・薬師寺などの大寺が建立された。金光明経・仁王経をはじめ、無量寿経・薬師経・金剛般若経・観音経等多くの経が朝廷や諸寺で読誦され、諸氏族も競って氏寺を建立した。天武十四年三月に詔りして、諸国の家ごとに仏舎を作り、仏像と経を置き、礼拝供養せよ、と命じたことは有名である。

だから写経も盛んに行なわれたことではあろうが、量からすれば奈良時代には比すべくもなかったのではないかと思う。その理由は写経関係の記事が『日本書紀』にあまり見えないことの他に、七世紀後半の写経で残存するものがきわめて少ないからである。田中塊堂氏によると[17]、奈良遷都以前の現存古写経は問題の多い聖徳太子筆と伝える「法華義疏」（四巻）を除くと、つぎの四点にすぎないという。

丙戌年五月　金剛場陀羅尼経　一巻
辛丑年九月　観世音経　断簡
慶雲三年十二月　浄名玄論　八巻（鎌倉時代補写を含むという）
和銅三年五月　舎利弗阿毘曇　零巻

右の古写経の「丙戌年」は朱鳥元年（六八六）、「辛丑年」は舒明十三年（六四一）に当てる説もあるが、大宝元年（七〇一）とするのが妥当であろう。慶雲三年は七〇六年、和銅三年は七一〇年であるから、天武・持統朝の写経で現存するもの一点、「法華義疏」を加えても二点である。この時期、多数の写経生が存したとは思われない。

このことが憶良＝写経生説を否定することにはならないが、憶良が写経生になる道は細かったことを考慮に入れておくべきであろう。

三　出家還俗説

右に述べたように、舎人説でも写経生説でも大宝元年に至るまで無位であったことの説明に苦しむのである。これらの説についで提案された僧侶還俗説―憶良はかつて出家して僧籍にあり、仏教に関する知識を蓄え、大宝以前に還俗したとする―も、魅力的な意見であるが、無位という点が障害になる。

僧侶還俗説を提案―というより示唆というほうが適切か―したのは、おそらく青木和夫氏が最初であろう。氏は論文「憶良帰化人説批判」[18]のなかで中西進氏らの帰化人説を批判したあとで、つぎのように言う。

ただ〝憶良のあの学殖は、どこで貯え得たのか〟といふ中西氏の設問は私の耳朶に残ってゐる。この設問に対しては、憶良の学殖といっても今日の私らに比較してのことであって当時の水準は別である、と逃げることもできようが、ともかく公務で多忙になる前の憶良が当時として一応の学殖を身につけ得た条件としては、書紀や大織冠伝に伝へられてゐる中臣鎌子のやうに壮年まで殊更に仕官せぬこと、或いは鎌子の子定慧のやうに仏門に入ること、などが想定し得る。しかしこの想定についても傍証を集め、せめて仮説にまで高めるには、賛否を問はず資料が尠なすぎるであろうことも予測される。新たな発見をし、かつその自己検討を終へるまでは、筆を措くしかない。

青木氏は学殖を身につけるのに二つの道があるとするが、壮年まで任官せずに学殖を身につけることは憶良の様な寒門の出身者[19]にはほとんど不可能であろう。氏は明言を避け、還俗の語も用いていないが、仏門に入り（僧侶となり）大宝以前に還俗という道を主に想定していると思われる。

この想定はやや控え目な形であるが、佐伯有清氏に支持された[20]。氏は多くの、憶良研究者が憶良の出自である山上氏の宗族と認めている粟田朝臣と山上氏との関係を詳しく検討し、大筋においてこの説を認め、「いずれにせよ、粟田氏と山上氏とは同族関係にあったことは間違いない」とする。つぎに大宝年度の遣唐使の長官である遣唐執節使粟田朝臣真人の経歴を調査して、彼が白雉四年（六五三）五月の遣唐使に随行した学問僧の一人道観と同一人であることを論証し、

　粟田朝臣真人は、少年のころ道観と名乗って僧籍にあり、定恵らとともに唐へ渡った経験を有する人物であって、天武十年十二月二十九日、小錦下の位を授けられるとき以前に還俗した。

と見る。

このような前提に立って佐伯氏は、憶良が定恵のように仏門にはいったかもしれないという青木氏の想定を取り上げ、

　この想定を実証することはできないが、真人がかつて道観という名の僧侶であったのと同じように、憶良もまた少年時代から壮年時代にかけて僧籍に入っていたという推定は可能かもしれない。

と述べ、さらに大宝前後に還俗の例の多いことを挙げ、

　そうした時期からみると、憶良がもし僧侶であったとすれば、その還俗は大宝元年の遣唐少録就任以前をあまり遠くへだたらない時期であったということができる。

と記す。青木氏の想定が具体的に述べられている。

真人の出家・還俗はともかくとして、大宝前後に還俗の例が多いことは佐伯氏の説く通りである。[21]『日本書紀』『続日本紀』によれば、

　持統七年（六九三）六月　詔㆓高麗沙門福嘉㆒還俗。

　文武四年（七〇〇）八月　勅㆓僧通徳・恵俊㆒、並還俗。代度各一人。賜㆓通徳姓陽侯史、名久尓曽㆒、授㆓勤広肆㆒。賜㆓恵俊姓吉、名宜㆒、授㆓務広肆㆒。為㆑用㆓其芸㆒也。

大宝元年（七〇一）三月　令㆓僧弁紀還俗㆒、代度一人。賜㆓姓春日倉首名老㆒、授㆓追大壹㆒。
大宝元年八月　勅㆓僧恵耀・信成・東楼㆒、並令㆔還俗復㆓本姓㆒、代度各一人。恵耀姓録、名兄麻呂。信成姓高、
名金蔵。東楼姓王、名中文。
和銅七年（七一四）三月　沙門義法還俗。姓大津連、名意毗登。授㆓従五位下㆒。為㆑用㆓占術㆒也。

の記事がみられる。この五例のうち文武四年八月・大宝元年三月・和銅七年三月の三例の四人は還俗に際して授位されている。大宝元年八月の三人（恵耀・信成・東楼）については授位記事はないが、録兄麻呂[22]となった恵耀は養老三年（七一九）正月十三日に正六位上から、高金蔵となった信成は養老七年正月十日に正六位下から、王中文となった東楼は養老二年正月五日に正六位上から、それぞれ従五位下に昇進している。この三人は文武四年から二十年前後のうちに正六位上または正六位下の位を得ているのだから、還俗に際して何らかの叙位に預ったと考えられる。この三人を含めて彼らが還俗させられた理由は、文武四年八月の場合「其の芸を用いるが為」、和銅七年三月の場合「占術を用いるが為」とあるように、僧侶の持つ知識や技術を利用するためであることはいうまでもない。叙位記事のない持統七年六月の沙門福嘉の場合も同様で、叙位されたのであろう。叙位は還俗の代償、見かえりであったと思われる。

いったい令に定められた還俗は、僧尼令3自還俗条に「凡そ僧尼自ら還俗せらば、三綱其の貫属を録し、京は僧綱に経《ふ》れ、自余は国司に経《ふ》れよ。並びに省に申して除き附けよ」とあるように、自分から申し出る場合と、僧尼令5非寺院条に「凡そ僧尼寺院に在るに非ずして、別に道場を立て、衆を聚めて教化し、并せて妄りに罪福を説き、及び長宿を攻殴せらば、皆還俗せしめよ」とあるように、処罰として行なう場合とがある。

これらの場合、還俗に際して叙位されないのは当然である。しかし朝廷（官）が朝廷の都合で還俗を命ずる場

合は、僧尼の身分は俗人が多年の修業によって手に入れることのできた特権的地位なのであるから、叙位するのが原則であったに違いない。

このような理由で、憶良が大宝元年に無位である点から、出家還俗説には賛成しかねるのである。

しかしこの考えは、朝廷ないし粟田真人が憶良を遣唐使の一員に採用しようとして還俗させたという前提または仮定に立っての意見である。さきに挙げた僧尼令自還俗条に見るように、自ら還俗を願い出た場合はもとの身分―憶良ならば無位―にもどると考えられる。何らかの事情で憶良が自還俗して暮している所へ、遣唐使派遣の計画がおこり、運よく憶良が採用され無位少録に任ぜられたのなら、出家還俗説は成立する。あるいは山上氏の宗族という関係から僧籍にある憶良の学識を認めていた粟田真人が、近く自分を長官とする遣唐使派遣の計画があることを知り、あらかじめ憶良に還俗して待機することを指示して、無位のまま少録に採用したのかもしれない。

私の拙い想像力で考えられるのはこの程度だが、出家還俗説成立の可能性はあり、否定することはできない。しかしもし粟田真人が前から憶良に着目しているのなら、官命によって還俗させ、有位官人として遣唐使に採用する道を取ることもできたであろう。出家還俗説は否定できないが、やはり細い道である。

それでは他にどんな道があるのか。さきに発表した拙著[23]で披露した下級評司説の出番である。

四　下級評司説の提唱

ここで「評司」の語の注釈を入れておく。「評」は「郡」の前身、「評司」は「郡司」の前身である。評に代って郡の名称が用いられるのは大宝元年以後であるから、大宝以前の憶良の身分を論ずるのに「郡司」というのは正しくない。評司という語も実際に用いられた例はないが、便宜上、下級評司の語を用いることにする。

私はいまから約二十年前に多くの若い友人たちと、官司・官職・地名・寺社についての『正倉院文書索引』（平凡社、一九八一年）を編纂したことがあった。その時、位階は一品・正一位から無位まで、勲等は勲二等から勲十二等まで（勲一等の例はなかった）を採ったが、官職を持ちながら無位の者が案外多いのに気がついた。「この索引ができあがったら、だれか無位の研究をしてみないか」と私は半ば冗談に若い友人に言った。憶良の無位を考えているうちにそのことを私は思い出し、『索引』を取り出して、無位の者の官職を調べてみた。すると予想以上に下級郡司―主政・主帳―が多い。これが私の下級評司説の出発点である。

本当は下級評司の例を知りたいのだが、正倉院文書からは望むべくもない。しかし下級郡司の状態から下級評司のそれを類推することは可能であろう。調査の結果は無位の官人（京官と地方官を含む）二一二名以上（以上というのは、経師・写経生の歴名などでは、断簡の関係からどこまでが無位か判断しにくい場合があるからである）、うち無位の郡司は重複を除いて二三名である。その二三名の無位の郡司の人数を職名で分けて示したのが上掲の表1である。

表1　無位郡司の人数

地位	正・擬の別	人数	計
少領	少領	1	4
	擬少領	3	
主政	主政	3	4
	擬主政	1	
主帳	主帳	13	15
	擬主帳	2	
合計			23

註　少領の欄の擬少領は副擬少領を含む。

つぎにこの表の根拠となる『大日本古文書』巻一から巻四までに見える無位官人の氏名・職掌・出典の年月日を表2に示し、巻五から巻二五までは無位郡司だけを表3に示す。経師・写経生は多数に昇るので、表2では

表２　『大日本古文書』巻一〜巻四に見える無位官人

巻数	ページ	氏　名	職　名	年　月　日
巻一	219	刑部少倭	下総国葛飾郡主帳	養老 5. －. －
	432	丹生直伊可豆智	越前国丹生郡主帳	天平 3. 2. 26
	433	財造住田	〃　江沼郡主帳	〃　3. 2. 26
	439	丸部臣人麻呂	〃（加賀郡）主帳	〃　3. 2. 26
	468	螺江比良夫	〃　敦賀郡主帳	〃　5. ③. 6
	471	品遅部広耳	〃（坂井郡）主政	〃　5. ③. 6
	474	長江忌寸金弓	皇后宮職書生（経師）	〃　5. 7. 20
	476	安曇連広浜	皇后宮職（書生）（経師）	〃　5. 8. 11
	477	酒豊足	皇后宮職（書生）（経師）	〃　5. 8. 11
	〃	三宅作志	左弁官史生（経師）	〃　5. 8. 15
	586	安曇連広浜	皇后宮職（書生）（経師）	〃　6. 8. 10
	〃	酒豊足	皇后宮職（書生）（経師）	〃　6. 8. 10
	600	出雲臣福麻呂	（出雲国某郡）擬少毅	〃　6. 8. 20
	605	猪名部諸人	（出雲国）医、調使	〃　6. 8. 20
	614	尾張連田主	（尾張国某郡）主帳	〃　6. 8. 20

備考（１）ページ数は『大日本古文書』巻一のページ数。年月日は出典となる文書の日付。（２）605ページの猪名部諸人は、『大日本古文書』は文書名を「隠伎国計会帳」とするが、『寧楽遺文』の校訂に従い、「出雲国計会帳」の中の人名とする。（３）総数15名であるが、「安曇連広浜」「酒豊足」は重出するので、13名となる。（４）天平５年３月は閏月なので。３を○印でかこんで示した。

巻二	7	越智直東人	伊予国（越智郡）主政	天平 8. 8. 6
	20	大伴部福足	薩麻国（某郡）主帳	〃　8
	〃	建部神嶋	〃　〃　主帳	〃　8
	〃	薩麻君須加	〃　〃　主帳	〃　8
	61	丹波直足島	丹後国少毅	〃　9
	73	金刺舎人祖父麻呂	駿河国（某郡）主政	〃　10. 2. 18
	87	珍県主深麻呂	和泉監（和泉郡）主帳	〃　10. 4. 5
	91	丸連群麻呂	祭弊帛使位子	〃　10. 4. 5
	131	大隅直坂麻呂	大隅国左大舎人	〃　10
	〃	薩麻直国益	薩麻国右大舎人	〃　10
	150	八戸史広足	鋳銭司史生	天平初年カ
	〃	錦部村主石勝	中宮職美作国主稲	〃
	151	物部安□□	（不明）	〃
巻三	113	今木連安万呂	山背国宇治郡主帳	天平20. 8. 26
	403	朝妻望麻呂	内匠寮銅鉄工	勝宝 2. 5. 25
	428	秦家主	経師、紫微中台舎人	〃　2. 8. －
	434	道守朝臣豊足	経師、図書寮書生	〃　2. 8. －
	514	甲可臣男	近江国甲可郡少領	〃　3. 8. 2

備考　経師（写経生）は上記の２名（秦家主、他）のほか、多数見えるが、省略。以下同じ。なお、巻３の501ページにみえる「擬主帳稲置代首宮足」は位階の記載がなく、無位かと思われるが、確証がなく、省略。

巻四	50	秦祖父	造東大寺司仏工	勝宝 7. 3.27
	〃	秦船人	〃　鋳工	〃 7. 3.27
	〃	秦常大吉	〃　鋳工	〃 7. 3.27
	〃	秦物集広立	〃　銅工	〃 7. 3.27
	114	曽祢連乙麻呂	左大舎人	〃 8. 2. 6
	193	秦忌寸牛養	内豎	宝字 8. 7.27
	208	物部首子老	摂津国島上郡主帳	勝宝 8.12.16
	221	曽祢連乙麻呂	左大舎人	〃 9. 2. 1
	227	丸部臣国足	（画師司）画師	〃 9. 4. 7
	〃	箐秦画師	（〃）画師	〃 9. 4. 7
	〃	河内画師古万呂	（〃）画師	〃 9. 4. 7
	294	高乙虫	造東大寺司木工	宝字 2. 8.28
	303	土師弟主	武部省史生（経師）	〃 2. 9. 5
	〃	倭画師小弓	左京職史生（経師）	〃 2. 9. 5
	304	広田毛人	左大舎人（経師）	〃 2. 9. 5
	342	荒木臣叙婆	越前国坂井郡擬主政	〃 2.10. 7
	344	土師宿祢弟主	武部省史生（経師カ）	〃 2ごろ
	345	和画師雄弓	左京職史生（経師カ）	〃 2ごろ
	407	山部宿祢吾方万呂	司門衛伴部	〃 4. 1.15
	521	大伴大田	大和国十市郡擬主帳	〃 5.11.27

表3　『大日本古文書』巻五以後にみえる無位郡司

巻数	ページ	氏名	職名	年　月　日
巻五	543	槻本君老	越前国足羽郡擬主帳	天平神護 2. 9.19
	702	日下部忌寸諸前	摂津国東生郡副擬少領	神護景雲 3. 9.11
	〃	高向毗登真立	〃　〃　主帳	〃 3. 9.11
	704	日下部忌寸諸前	〃　〃　副擬少領	〃 3. 9.11
	〃	高向毗登真立	〃　〃　主帳	〃 3. 9.11
巻一四	271	早良勝（欠名）	筑前国早良郡擬少領	宝　字 2.12.22
巻二五	204	高市連広君	大和国高市郡擬少領	勝　宝 8.12.13

適宜省略した。

前ページとこのページに表2として巻一から巻四までに見える無位の官人を表示したが、そのうち無位の郡司は巻一に七名、巻二に六名、巻三に二名、巻四に三名である。巻一・巻二に無位郡司が多く見えるのは、この両巻には戸籍・計帳・正税帳等、郡司名を多く載せた文書があるからで、巻三以降には郡司名の知られる文書は少ない。巻五以降は表3として無位郡司のみを採録してこのページに表示する。

表2・表3に見える無位

表4 巻別の職階別無位郡司人数

巻数	少領	主政	主帳	計
1		1	6	7
2		2	4	6
3	1		1	2
4		1*	1 1*	1 2*
5	1*		1 1*	1 2*
14	1*			1*
25	1*			1*
計	1 3*	3 1*	13 2*	17 6*
合計	4	4	15	23

備考 *は擬少領、擬主政、擬主帳を示す。合計の欄では擬任と正任を区別せず、総人数を示す。

の郡司の員数を、巻別および職階別に整理すると、表4のようになる。

『大日本古文書』にみえる主政の人数は二〇名、(24)無位はそのうちの四人であるから、比率は二〇％、主帳は五三名、(25)無位はそのうち一五名であるから、比率は二八％強で、決して少ない数ではない。

地域別にみると、無位主政は東海道一名（駿河国某郡、金刺舎人祖父麻呂、巻二）、北陸道二名（越前坂井郡、品遅部広耳、巻一、同国同郡、*荒木臣叙婆、巻四）、南海道一名（伊予国越智郡、越智直東人、巻二）の四人である（*印は擬主政）。人数が少ないので、統計的に論ずることは無理である。無位主帳一五人の地域別の人数は、

畿内　大和　*大伴大田（巻四）
　　　山背　今木連安万呂（巻三）
　　　摂津　物部首子老（巻四）・高向毗登真立（巻五）
　　　和泉　珍県主深麻呂（巻二）
東海　尾張　尾張連田主（巻一）
　　　下総　刑部少倭（巻一）
北陸　越前　丹生直伊可豆智（巻二）・財造住田（巻一）・丸部臣人麻呂（巻一）・螺江比良夫（巻二）・*槻本君老（巻五）

西海　薩摩　大伴部福足（巻二）・建部神嶋（巻二）・薩麻君須賀（巻二）

（＊印は擬主帳を示す）

この一五名という人数も統計を取るには少なすぎるが、畿内が一五名中五名を占めるのは、注意してよい数であろう。畿内には比較的無位の下級郡司が多かったといえるのではあるまいか。

なおその無位五人の他の畿内の有位主帳は、管見の限り『大日本古文書』では、山背国宇治郡・外少初位上今木連[26]（欠名）（巻一五―一二八ページ）と和泉監・外従八位下日根造五百足とが知られるだけである。

『大日本古文書』以外で管見に入った無位郡司をつぎに挙げておく。

『続日本紀』

天平十二年九月二十五日条

豊後国中津郡　擬少領　膳東人

〃　下毛郡　擬少領　勇山伎美麻呂

宝亀二年三月四日条

遠江国磐田郡　主帳　若湯坐部龍麻呂

〃　蓁原郡　主帳　赤染造浜長

〃　城飼郡　主帳　玉作部広公

〃　〃　主帳　桧前舎人部諸国[27]

『出雲国風土記』

意宇郡　擬主政　出雲臣・主帳　海臣・主帳　出雲臣

嶋根郡　主帳　物部臣
出雲郡　主帳　若倭部臣
神門部　主帳　刑部臣
飯石郡　主帳　日置首
大原郡　主政　日置臣・主帳　勝部臣

正倉院調庸絁布関係墨書銘文

常陸国筑波郡　擬主帳　中臣部広敷（天平宝字七年十月）
〃　信太郡　擬主政　物部大川（天平勝宝四年十月）
〃　鹿嶋郡　擬少領　中臣鹿嶋連浪足（天平勝宝四年十月）
〃　多可郡　擬少領　君子部臣足（天平勝宝四年）
上野国新田郡　擬少領　他田部君足人（天平勝宝四年十月）
土佐国吾川郡　擬少領　秦勝国方（天平勝宝七歳十月）

以上の他、国郡未詳「茶絁断片」に、

□郡司擬主帳无位当麻由□　天平勝宝□（八カ）歳十月

とあるもの、郡司の職階名の記載や年次も不明な「夾纈絁」に

□无位大私部豊□

とあるものなどが存する。

木簡類はまだ精査していないが、参河国飽臣郡（碧海部か）から米五斗を貢上した付札に、

和銅二年十二月无位主帳□麻呂

と記したものがある（『平城宮木簡』二〈奈良国立文化財研究所〉二七〇四号）。

縷々みてきたように主政・主帳など下級郡司には無位の者が多い。その理由は、さきに述べたように舎人・史生・兵衛・伴部・使部・帳内・資人等の考選が八考であった（第一節）のに対し、郡司の場合は選叙令15叙郡司軍団条に、

凡叙二郡司軍団一皆以二十考一為レ限。十考中、進二一階一、五考上、五考中、進二二階一、十考上、進二三階一叙。（下略）

とあり、十考すなわち考選に十年を要するためであろう。野村忠夫氏[28]が早く論じたように内分番（舎人等）と外長上（郡司等）の差である。上記郡司軍団条の「郡司軍団」について、『令集解』には「朱云、軍団者少毅以上也」とあるが、郡司にはそのような注はなく、郡司は主政・主帳を含むと考えられる。それに加えて、私の推測だが、主政・主帳に就任する時の年齢が一般に舎人・兵衛などに任ぜられるよりも高かったと思われることを考慮すべきであろう。

大宝以前の浄御原令制下の評司の考選の年限は不明だが、これに準じて考えてよかろう。ただし、郡司が十考というのは前引の『日本書紀』持統四年四月条の詔（第一節）に、有位者は六年、無位者は七年を限れ、とあるのと三ないし四年の差があるが、おそらくこの詔は大宝・養老令にいう内長上・内分番に相当する職員に対するもので、外長上に当る評司の選限はこれより長かったであろう。

大宝令制を適用すると、下級評司が大宝元年正月までに位を持つためには、持統四年（六九〇）までに評司になっていなければならないのである。

むすび―憶良が学識を養った生活と環境―

以上に述べたところから、大宝元年に無位で遣唐使の一員に任用されるまでの憶良の経歴を、私はつぎのように推測する。彼は天武朝の末年の頃、二十五歳前後で朝廷に仕え、舎人またはそれに準ずる身分を得、柿本人麻呂・長奥麻呂・高市黒人などの宮廷歌人とまじわって作歌にはげみ、やがて川島皇子のもとに出入して、持統四年（六九〇）三十歳の時には歌の代作もした模様である。翌持統五年の川島皇子の死後、時期は不明だが官を辞して故郷に帰り、つてを得、あるいは乞われて郡の主政・主帳に相当する評の下級職員―私は主政の前身を政人、主帳の前身を史と称したと考えている―となり、大宝元年に至ったのではなかろうか。彼が無位であったのは、舎人としても下級評司としても勤務年数が選限に達していなかったからであろう。大宝・養老令制下なら舎人としての勤務年数と郡司としてのそれとを通算する制㉙があったかもしれないが、浄御原令制ではそこまで制度は整備しておらず、憶良は叙位されるに至らなかったと思われる。

無位の憶良が最下位とはいえ遣唐使の一員に抜擢されたのは、彼がその任に値する知識を貯えていたからであろうが、知識を蓄積する職は、経師・写経生や僧侶だけとは限らない。郡司もまた多くの文筆上の知識を必要とする職である。浄御原令の評司に関する規定は伝わっていないが、養老職員令では大郡条につぎのように定めている。

主政　郡内を糺判し、文案を審署し、稽失を勾《かんが》え、非違を察することを掌る。

主帳　事を受けて上せ抄し、文案を勘え署し、稽失を検《かんが》え出し、公文を読み申すことを掌る。

主政・主帳ともに文筆に通じていなければ勤まらない職である。また主政・主帳の上役の大領・少領は、大化改新詔に「国造の性識清廉《いさぎよ》くして、事務に堪うる者」を取り、養老選叙令に「才用同じくは、先ず国造を取れ」と規定され、長い伝統を持つ土地の名望家が任用されたことはよく知られている。国造の後裔が漢籍・仏典に通じているとは限らないが、当時のレベルからすれば学識を有する者が少なくなかったであろう。憶良は数年のあいだ朝廷に勤め、人麻呂・奥麻呂・黒人などと交り、川島皇子の宮に仕えて得た知識を、さらにふやすことができたと思われる。

問題は憶良の勤めた評が文化程度の低い辺境地帯にあったか、程度の高い畿内など中心地域にあったか、である。それには憶良の本貫がどこかという問題と関連する。この問題を論ずる諸家に共通の認識は、『新撰姓氏録』右京皇別下に、

　山上朝臣

　　同氏。日本紀合。

とあり、「同氏」が山上朝臣の条のすぐ前にある粟田朝臣を指すことに疑いないところから、山上氏は孝昭天皇の皇子天足彦国押人命（『日本書紀』）または天押帯日子命（『古事記』）を祖とする和珥臣・春日臣・大宅臣・粟田臣・小野臣などと同族の関係にある氏族であるとする点である。

ただし同族といっても血縁的なものではなく、「粟田氏に従属した帰化系氏族[30]」とする中西進氏の説がとくに国文学関係の研究者の間では有力視されているようである。これに対し日本史研究者である青木和夫・佐伯有清両氏の反論[31]が出されており、私も帰化系（渡来系）説に疑問を持つが、ここでは深くは立ちいらない。山上氏が

和珥・春日・粟田などの諸氏を中心とする広い意味の同族の一員であることを認めて、論を進める。

和珥系氏族の分布は、早く岸俊男氏が論究したように[32]、大和・山背・近江を中心とすると考えられる。現在山上氏の本貫地として提出されているのはつぎの三説であろうが、いずれもこの範囲におさまる。

その一は中西進氏の説。[33]『和名抄』によると近江国甲賀郡に山直郷が見える。現在の水口町北部の地と思われるが、この郷名と、周辺にワニ一族とかかわる神社が少なくないことを勘案して、ここを「憶良居住の地」とする。また憶良渡来人説の立場から、憶良の父は百済国から天智朝に渡来して天智の侍医になった億仁であるとし、「大津京にほど近い甲賀の山郷に居を定め」たと推定して自説を補強した。

その二は井村哲夫氏の説。[34]『日本霊異記』上巻第三十一話に、

　時在三位粟田朝臣之女、未レ通不レ嫁、其娘於二広瀬之家一忽然得レ病、忩々《しばしば》痛苦、无レ由レ差《いゆるに》。

とあることより、粟田氏のある時期の本拠地が旧広瀬郡とその周辺にあったと推定し、『大和地名大辞典』[35]その他によって、旧広瀬郡を含む近代の北葛城郡および北接する生駒郡に山上の地名のあることを指摘し、山上氏は粟田氏の同祖の族として、広瀬郡の粟田氏の家の近辺に居住したとする。

その三は佐伯有清氏の説。[36]佐伯氏は中西・井村両氏の利用していない『和邇氏系図』[37]によって立論する。この系図の信憑性には若干問題はあるが、系図には建振熊（『古事記』応神段にも「丸邇臣の祖」とある）の孫市河臣の子大島臣に「大倭添県山辺郷住」と注し、その子健豆臣に「山上臣祖」と注する。佐伯氏はこれによって山上氏の本貫地は大和国添上郡山辺郷（近世の法華寺・佐保二村のあたりとする説〈『大和志』〉があるが、奈良市東部の旧田原村すなわち此瀬・沓掛・日笠のあたりとする説〈『大日本地名辞書』[38]〉が妥当であろう）とする。

以上三説のうち中西説は、山直と山上あるいは山上臣を結びつける点に無理がある。億仁が天智天皇の侍医と

して山直郷に住んだという推定も、山直郷が水口町のあたりとすると遠すぎる。大津―草津―三雲―水口の距離は約三三キロである。

井村説は『大和地名大辞典』にみえる地名が古代にまで溯れるかに疑問があり、佐伯説は『和邇氏系図』がどこまで信じられるかが問題であるが、山上氏が和邇一族の同族団に属することを認めるならば、山上憶良の居住地が大和である可能性は高いと思われる。そう考えてよければ、憶良が評司として勤務したところはおそらく大和、そうでなくてもその近辺の文化程度の高い土地であったろう。彼は文筆をこととする任につきながら、かつて宮廷で文事を語らった旧友との連絡も保ち、学識を深めて行ったと考えられる。彼が無位にもかかわらず遣唐少録に任ぜられたのは、このような背景があったからであろう。

以上で大宝元年以前の憶良の経歴についての迂遠な考察を閉じるが、最後に付け加えておきたい点が三つある。その一つは、大宝元年の遣唐使には、本稿の冒頭にあげた『続日本紀』の記事の中に、「山代国相楽郡令追広肆掃守宿祢阿賀流を小位とし」とあり、郡（評）の役人を採用した例があることである。郡司であっても有能な人物は抜擢されるのである。もしかすると憶良は掃守阿賀流の下僚もしくは近郡（評）の評司であったかもしれない。

二番目は憶良が評司であったという仮定と彼の晩年の作「貧窮問答歌」（巻五―八九二）との関係である。この歌は周知のように堅塩をかじり麻衾《あさふすま》を引きかぶりながら、「我をおきて人はあらじ」と誇っている貧しい人と、よりいっそう貧しく、海松《みる》のようにぼろぼろになったボロを肩にかけ、「直土《ひたつち》に藁解き敷きて」暮らしている人との問答体になっている。前者の「貧しい人」は憶良が体験した下級官人の生活、後者の「いっそう貧し」い人は憶良が国司として国内巡察の機会などに目にした貧農の実態にもとづいた作といわれるが、前者はともかく、後者は国司という高い地位からのぞき見た知見ではなく、民衆の生活に直接タッチして、徴税にもあたる評司としての見聞にもとづくものと解すべきではあるまいか。「楚《しもと》取る　里長が声は　寝屋戸まで　来立ち呼ばひぬ」といった表現は、国司でも可能だろうが、評司としての体験から出たものと見たい。

三番目は憶良渡来人説との関係である。令に定める下級郡司（主政・主帳）任用の条件は「強幹聡敏にして書計に工みなる者」（選叙令13郡司条）であって、出自についての条件は存しないが、国造から採用されることの多い大領少領のもとで働く下級郡司は、やはり土地の事情に通じた者であることが実際上の条件になるのではあるまいか。渡来人でも、数代前から日本に移り住み、風俗習慣等も日本化した者なら問題はないが、憶良が渡来人説の人々の説くように、幼年時代父に伴われて日本に移住したのであれば、郡司にはなりにくいであろう。逆にいえば、憶良評司説が成立するならば、憶良渡来人説は成立しにくいのである。

以上三点を最後に付加して蕪稿を閉じることとする。

注

（1）村山出「山上憶良」（『日本古典文学大辞典』第六巻、岩波書店、一九八五年）。

（2）『万葉集』巻九に「大宝元年辛丑冬十月太上天皇・大行天皇、幸二紀伊国一時歌」として十三首（一六六七—一六七九）の歌が収められているが、その中に「長忌寸意吉麻呂」が詔に応じて作る歌一首（一六七三）があるので、一四五番歌もその時の作と考えられる。

（3）村山出「筑紫下向以前—初期の歌の性格と背景」（同『山上憶良の研究』桜楓社、一九七六年）、橋本達雄「人麻呂周辺の歌人」（同『万葉宮廷歌人の研究』笠間書院、一九七五年）。

（4）下級官人としての舎人の意味するところは浄御原令制下と大宝・養老令制下では違っている。第二節の末尾を参照されたい。

（5）浄御原令制下の四等官の名称については拙稿「大宝令前官制についての二、三の考察」（拙著『飛鳥奈良時代の考察』高科書店、一九九六年）。

（6）拙稿「柿本人麻呂の位階」（拙著『夜の船出―古代史から見た万葉集―』塙書房、一九八五年）。

（7）浄御原令の位階は、王以上に与える明位浄位二十四階を除くと、諸臣に与える位階は四十八階である。大宝令制では親王・内親王に与える品位四階を除くと、正一位以下三十階である。大宝令制が浄御原令制より昇進の年限（選限）が長くなるのは、このことと関係するだろう。

（8）村山出『大伴旅人・山上憶良』（「日本の作家」2、新典社、一九八三年）。

（9）『令義解』選叙令14叙舎人史生条、参照。

（10）正倉院文書には経師・経生・写生の語はみえるが、写経生の語はみえない。写経に従事したのは経師が主で、その見習いが経生であろう。

（11）中西進「大宝以前」（同『山上憶良』河出書房新社、一九七三年）。

（12）村山出「山上憶良の生涯」（有精堂『万葉集講座』第六巻、一九七二年）。のち同著『山上憶良の研究』（注（3）参照）に収める。

（13）井上薫『奈良朝仏教史の研究』（吉川弘文館、一九六六年）。

（14）中西進『山上憶良』。注（11）参照。

（15）経師・経生等は経典に接する機会が多いから経典の内容を知ることができるが、内容を考えながら写経すれば写経の速度が落ち、誤字が増すことも少なくあるまい。一般の経師らは、内容を考えずに文字のみを誤りなく写すことに精神を集中したと考えるべきであろう。経師・経生だから、経の内容を熟知しているというわけにはいかない。

（16）注（13）井上薫『奈良朝仏教史の研究』の三七九ページ以下参照。

（17）田中塊堂『日本寫経綜鑑』（三明社、一九五三年）。

(18) 青木和夫「憶良帰化人説批判」(『万葉集研究』第二集、塙書房、一九七三年)。
(19) 憶良を寒門出身というのは、はじめて『続日本紀』に姿を見せたとき、氏名にカバネが付されていないことを根拠の一つとする。
(20) 佐伯有清「山上氏の出自と性格―憶良帰化人説によせて―」(末松保和博士古稀記念会編『古代東アジア史論集』下巻、吉川弘文館、一九七八年)。
(21) この点は早く田中卓氏が「還俗」(『続日本紀研究』一巻一二号、一九五四年。同『著作集』5〈国書刊行会、一九八五年〉に収録)で指摘し、「文武天皇の御代より和銅末年にかけて、技能活用のための僧の還俗がしきりに行はれた」とする。
(22) 養老三年正月十三日条に従五位下に昇叙された角兄麻呂は大宝元年八月条の録兄麻呂と同一人物であろう。
(23) 拙著『万葉集と古代史』(吉川弘文館、二〇〇〇年)。
(24) 二〇人の主政の氏名を挙げるのは多くの紙幅を要するので、無位主政四名以外の一六名の見える『大日本古文書』の巻・ページ数のみを挙げる。巻一は[1]、巻二は[2]とし、以下これに倣う。同一人物の重出する場合はそのうち一つを取った。
注(25)もこれに倣う。
[1]24 56 415 432 437 439 [2]18 82 [4]452 [5]461 544 545 546 [6]603 [15]128
(25) 主帳五三名のうち無位一五名を除いた三八名の見える『大日本古文書』の巻・ページ数をつぎに示す。

[1]24 46 56 96 389 415 428 432 433 437 455 613 614 615 619 [2]5 6 18 19 40 46 61 94 97 117 151 501 [3]501 [6]592 603 [9]644 [14]271 273 [15]128 [16]92 399

(26) 外少初位上今木連(欠名)は巻三―一一三ページの无位今木連安万呂と同一人物であろう。无位今木連安万呂は天平二十年十月の文書にみえ、外少初位上の今木連は宝字五年十一月の文書にみえ、この間十三年ある。
(27) 『続日本紀』の原文には「城飼郡主帳无位玉作部広公、桧前舎人部諸国」とあり、桧前舎人部諸国の肩書がないが、「主帳无位」が略されたものとみる。
(28) 野村忠夫「令制考叙法の基本問題」(同『律令官人制の研究』(増訂版)(吉川弘文館、初版一九六七年)。

(29) 舎人と郡司の考を通計する規定はないと思うが、選叙令17本主亡条に「若廻宛二帳内、資人一者、亦聴レ通二計前労一。」、同18以理解条に「凡長上官以レ理解者、後任日、聴レ通二計前労一」、考課令14内外初位条に「其分番与二長上一通計為レ考者、分番三日、当二長上一日一」とある。労を通計する考えが存したことが知れる。

(30) 村山出「山上憶良事典」（別冊国文学『万葉集必携』Ⅱ、学燈社、一九八一年）。

(31) 注（18）の青木和夫氏、注（20）の佐伯有清氏の論文。

(32) 岸俊男「ワニ氏に関する基礎的考察」（同『日本古代政治史研究』塙書房、一九六六年）。

(33) 中西進氏注（14）の著書。

(34) 井村哲夫「山上憶良伝一斑―世に出るまで―」（『千里山論集』創刊号、一九六三年）。同『憶良と虫麻呂』（桜楓社、一九七三年）所収。

(35) 大和地名研究所編『大和地名大辞典』一九五二年。同『続篇』一九五九年。なお地名の検索には「地理調査所」（現国土地理院の前身か）の地図も利用されている。

(36) 佐伯有清氏注（20）の論文。

(37) 太田亮『姓氏家系大辞典』（復刻版、角川書店、初版は一九三六年）所収。

(38) 吉田東伍『大日本地名辞書』全一一冊（冨山房、一九〇〇―〇七年）。のち七巻に編集。

初出一覧

〈本編〉

序論　日本国家の初期の状態を『記・紀』はどう語っているか

　新稿。

第一章　河内政権の成立と応神天皇

　『高岡市万葉歴史館紀要』第一七号、二〇〇七年三月。

第二章　日本古代国家の形成と河内政権

　『日本書紀研究』第二八冊、塙書房、二〇一三年一月。

第三章　山根徳太郎の難波宮研究

　『難波宮と都城制』吉川弘文館、二〇一四年七月。

第四章　応神天皇朝で変わる日本古代史

　『史聚』第四七号、二〇一四年三月。

第五章　大和政権から河内政権へ

　新稿。

あとがきに代えて

　新稿。

〈外編〉

第一章　日本の古代国家の特色

中西智海先生喜寿記念文書『人間・歴史・仏教の研究』永田文昌堂、二〇一一年一二月。

第二章　摂津国の成立再論

『橿原考古学研究所論集』第一五、八木書店、二〇〇八年九月。

第三章　称徳天皇山陵の所在地

『高麗美術館研究紀要』五、二〇〇六年一一月。

第四章　大宝以前の山上憶良

『続日本紀研究』三三四号、二〇〇一年一〇月。

自跋

　私もいつのまにか年を重ねて、九十五歳のなかばをすぎた。学術研究の書物を書くには年をとりすぎたが、言いのこしておきたいことがあるので、老躯にむちうって書いたのが本書である。ながいあいだ好誼を得ている塙書房が、こころよく出版を承知して下さったので、今回もお願いすることにした。

　かえりみると塙書房のお世話になって久しい。戦後十数年をへて、私がようやく四十歳になるころ、壬申の乱についての論文を、一、二の雑誌に発表したことから、壬申の乱の研究をまとめてみないかと誘いを受けて、『壬申の乱』を書いて刊行したのが一九六〇年三月であった。

　それから現在まで五十五年の年月が流れ、そのあいだに私は、『日本古代の氏族と天皇』、『奈良時代史の諸問題』など十冊ほどの著書を、塙書房から出版してもらった。そのうち八冊の書名は、本書の奥付けに刊行年月とともに記した。その八冊のほかに『わたしの法隆寺』（一九七九年）、『壬申の乱（増補版）』（一九九一年）、『秋篠川のほとりから』（一九九五年）の三冊も塙書房から出してもらっているから、本書は十二冊目になる。ずいぶんお世話になったものである。塙書房の初代社長白石義明さん、二代目の白石静男さん、このお二人は故人となられたが、三代目の現在の社長白石タイさんに改めて感謝したい。

　ところで研究としては私の最後の著作となると思われる本書のことであるが、『日本古代史と応神天皇』という書名から察していただけるように、十年前に刊行した『古代河内政権の研究』の続篇にあたる。この十年のあいだに古代史の研究も大いに進歩したと思うが、老化の進んだ身では視力も聴力も衰えて新しい研究を十分に摂取できていないことをまずおことわりしておかねばならない。つぎにおことわりしておきたいことは、本書の序論でもふれたように、本書本編は個々に独立した五つの論文を中心にしており、論説するところに重複がみられることである。また同じ考証が出て来ると思われるであろうが、寛恕を賜わりたい。

この五編の論文を中心とする本編のほかに、二〇〇一年以降に書いた、それぞれ独立の四つの論文をまとめて外編とした。本編は相互に関係するのでまとめて索引を作ったが、外編の四論文については索引を作っても利する所は少ないと思って省略した。あわせてご了承を得たい。

私は前著『古代河内政権の研究』の「あとがき」で、今後の研究の見とおしを述べた。それを書いたのは十年余り前のことで、本書本編はそれを正確に継承するものではないが、参照していただければ幸いである。

二〇一四年十月

直木　孝次郎

索　　引

凡　例

1、本書・本編の序論・本文・「あとがきに代えて」と註のなかから、主要な項目を抽出し、「件名」「遺跡名」「研究者名」に分けて、項目名の所在するページ数を、算用数字で表わし、索引を作った。

2、件名は、主として政治・外交に関するものを選んだ。

3、件名のうち、「百済」は、本文に大和国の地名として見えるものがあるが、省略した。

4、件名では、「高麗」は「高句麗」に含めて、掲げた。

5、件名で難読のものは「ふりがな」をつけた。また、読み方には音・訓の2種があるものは、同様に「ふりがな」をつけた。「斎宮」を「いつきのみや」とせず、「さいぐう」としたのが、その例である。

6、索引を作るについては、塙書房編集部の協力・援助によるところが多い。付記して謝意を表する。

件名索引

け

こ

さ

し

す

せ

そ

索　　引

遺跡名索引

索　　引

研究者名索引

直木孝次郎（なおき・こうじろう）

略　歴

1919年　神戸市に生まれる
1943年　京都大学文学部卒業
現　在　大阪市立大学文学部教授・岡山大学文学部教授その他を経て，
大阪市立大学名誉教授

主要著書

1958年11月　『日本古代国家の構造』（青木書店）
1960年３月　『持統天皇』（吉川弘文館）
1961年６月　『壬申の乱』（塙書房）
1964年12月　『日本古代の氏族と天皇』（塙書房）
1968年９月　『日本古代兵制史の研究』（吉川弘文館）
1968年11月　『奈良時代史の諸問題』（塙書房）
1971年４月　『奈良』（岩波書店）
1973年10月　『倭国の誕生』（「日本の歴史」第１巻，小学館）
1975年９月　『飛鳥奈良時代の研究』（塙書房）
1976年６月　『古代史の人びと』（吉川弘文館）
1986年６月　『夜の船出－古代史からみた萬葉集－』（塙書房）
1987年６月　『日本古代国家の成立』（社会思想社）
1990年６月　『飛鳥　その光と影』（吉川弘文館）
1994年６月　『新編　わたしの法隆寺』（塙書房）
1996年４月　『飛鳥奈良時代の考察』（高科書店）
1996年９月　『山川登美子と与謝野晶子』（塙書房）
2000年６月　『万葉集と古代』（吉川弘文館）
2005年３月　『古代河内政権の研究』（塙書房）
2007年12月　『額田王』（吉川弘文館）

日本《にほん》古代史《こだいし》と応神天皇《おうじんてんのう》

2015年１月30日　第１版第１刷

著　者　直木孝次郎
発行者　白石タイ
発行所　株式会社　塙書房
〒113-0033　東京都文京区本郷６丁目８-16
電話　03（3812）5821
FAX　03（3811）0617
振替　00100-6-8782

亜細亜印刷・弘伸製本

 ISBN978-4-8273-1270-6 C3021